AME-SE! VOCÊ EM PRIMEIRO LUGAR

CARO(A) LEITORA(A),

Queremos saber sua opinião sobre nossos livros.
Após a leitura, curta-nos no facebook.com/editoragentebr,
siga-nos no Twitter @EditoraGente e
no Instagram @editoragente
e visite-nos no site www.editoragente.com.br.
Cadastre-se e contribua com sugestões, críticas ou elogios.

Dr. Ícaro Samuel

AME-SE! VOCÊ EM PRIMEIRO LUGAR

Diretora
Rosely Boschini

Gerente Editorial Sênior
Rosângela de Araujo Pinheiro Barbosa

Editora Júnior
Carolina Forin

Assistente Editorial
Fernanda Arrais
Tamiris Sene

Produção Gráfica
Fábio Esteves

Preparação
Natália Domene

Capa
Anderson Junqueira

Projeto gráfico e diagramação
Renata Zucchini

Revisão
Vero verbo Serv. Edit. LTDA.–ME

Impressão
Rettec

Copyright © 2022 by Ícaro Samuel
Todos os direitos desta edição
são reservados à Editora Gente.
Rua Natingui, 379 – Vila Madalena
São Paulo, SP – CEP 05443-000
Telefone: (11) 3670-2500
Site: www.editoragente.com.br
E-mail: gente@editoragente.com.br

Dados Internacionais de Catalogação na Publicação (CIP)
Angélica Ilacqua CRB-8/7057

Samuel, Ícaro
      Ame-se! Você em primeiro lugar / Ícaro Samuel. – São Paulo:
Editora Gente, 2022.
      176 p.

ISBN 978-65-5544-192-5

1. Autoajuda 2. Desenvolvimento pessoal I. Título

22-0883   CDD 158.1

Índice para catálogo sistemático:
1. Autoajuda

NOTA DA PUBLISHER

Muitas pessoas têm o costume de dizer que ser individualista é o mesmo que ser egoísta. Mas o que é o individualismo senão pensar em você e nas suas necessidades? Cuidar de si mesmo não deveria ser considerado um ato de egocentrismo. Afinal, se não estivermos bem, como podemos cuidar das pessoas que amamos?

Como cirurgião plástico, Ícaro Samuel recebe em seu consultório diversos pacientes, principalmente mulheres, com a intenção de fazer cirurgias e intervenções no próprio corpo. Mas, com sua sensibilidade, Ícaro percebeu, ao longo de anos de experiência, que essas pessoas precisam resgatar a essência delas antes de fazer qualquer mudança, porque é só quando você se apropria de si mesmo que a transformação de fato acontece.

Foi por isso que ele desenvolveu um trabalho inovador, que vai além da cirurgia plástica. Ícaro ajuda seus pacientes a se enxergarem, a perceberem que, como ele mesmo diz, "se priorizar é legítimo e corajoso". E só então, quando o mindset foi alterado e a pessoa começa a colocar suas próprias vontades antes das dos outros, é que eles partem para qualquer intervenção cirúrgica.

E é isso que o Ícaro vai lhe ensinar com este livro. Aqui, você vai aprender o conceito de egoísmo ecológico e, por meio de hábitos e práticas simples de serem inseridos na rotina, você vai se amar um pouquinho mais a cada dia. E isso não quer dizer deixar de lado as pessoas com quem mais se importa. Muito pelo contrário, você vai perceber que, quando você estiver plenamente feliz consigo mesmo, vai aproveitar melhor os momentos que passar com essas pessoas e vai ter muito mais disposição para apoiá-las no que precisarem.

Permita-se subir no pódio da sua vida!

Boa leitura!

Rosely Boschini • CEO e Publisher da Editora Gente

Dedicatória

Dedico este livro às minhas duas avós, Clotildes e Maria, que, à maneira delas, ajudaram-me a entender a importância de me priorizar e passar essa mensagem adiante; aos meus pais Rosângela e Dalmir; à minha família e, principalmente, à minha esposa, Patricia, e aos meus filhos, Luca e Nina. Por nós, eu sempre busco ser o melhor de mim.

Sumário

Prefácio
10

Introdução
Enxergue-se além do espelho
14

Capítulo 1
O mundo vem em primeiro lugar
20

Capítulo 2
Por que as pessoas priorizam o mundo em vez de se priorizarem?
40

Capítulo 3
Transforme a sua vida
56

Capítulo 4
Autoconhecimento: conscientize-se de que a vida pode ser mais
68

Capítulo 5
O objetivo principal da sua vida: você

84

Capítulo 6
O poder das palavras e da gratidão

98

Capítulo 7
Rotina do bem

118

Capítulo 8
Tome a atitude de se colocar em primeiro lugar

136

Capítulo 9
Agora é a sua vez!

150

Capítulo 10
Seu caminho de sucesso

164

PREFÁCIO

Amigo, amiga... Quem você está priorizando em sua vida? Sua família? Seu trabalho? Seus amigos? O lazer? Caso tenha respondido sim para alguma dessas perguntas, preciso lhe dizer que você está cometendo um grande engano. Isso mesmo, um engano. Pois o primeiro pilar que você deveria colocar como prioridade zero em sua vida é você mesmo. Afinal, há milênios já estava nas escrituras sagradas que nosso corpo é o templo do Senhor (1 Coríntios 6:19) e que necessitamos nos cuidar para que possamos receber as bençãos dos céus. Ou seja, cuidar de si mesmo não é um privilégio, é uma necessidade para a estabilidade de todos os outros pilares de nossa vida. Você concorda?

Diariamente, percebemos homens e mulheres realizando procedimentos cirúrgicos que alteram suas imagens em diversos níveis. Eles, no entanto, acreditam que a mudança visual permanece apenas no externo, não influenciando internamente, como é possível notar a partir dos motivos errados que os levam a realizar essas cirurgias. Assim, por vezes, o resultado é a frustração e até o arrependimento. Essa atitude é um claro exemplo de inversão na pirâmide que rege as crenças do indivíduo, colocando como prioridade as crenças de merecimento – "Eu mereço ficar bonita(o)" – em detrimento das crenças de identidade – "Eu sou bonita(o)".

Por isso, concordo com o autor quando este diz que "priorizar-se é a única garantia de que o processo de transformação será completo". E acrescento que, quando não nos priorizamos, tendemos a andar por caminhos árduos e desafiadores, pois estaremos sempre doando nosso ser a outros sem a garantia de também nos amarmos.

É partindo dessas discussões pertinentes que a obra de meu amigo Ícaro Samuel é construída, fazendo-lhe um convite a imergir no fascinante mundo das cirurgias plásticas por meio de sua capacidade de relacionar autores consagrados – como Malcom Gladwell, Carl Jung, Charles Darwin e Warren Buffett – com exemplos pessoais e profissionais, apresentando reflexões e *insights* que perpassam do autoconhecimento à liderança.

Falo sem medo de errar que você, leitor, é um privilegiado ao estar com esta obra valiosa em mãos. O método exclusivo e inovador apresentado por Ícaro é a entrada para assumir a liderança da sua vida e caminhar rumo a outro patamar de performance, mesmo sabendo que priorizar-se dói, pois exige de cada um de nós uma fuga da zona de conforto rumo ao crescimento interior.

Prefácio

Ao fim do livro, você vai perceber, como eu percebi, que fomos colocados em primeiro lugar ao longo de toda a jornada de escrita do autor e que a pergunta feita por Ícaro – Você já se priorizou? – é, na verdade, uma poderosa forma de nos movimentar em direção ao que verdadeiramente devemos viver em nossas vidas.

Por isso, quando você vai se colocar como a prioridade de sua vida? Comece lendo e aproveitando este que é um livro interessante e inspirador.

Boa leitura!
Paulo Vieira
Criador do Método CIS e autor best-seller

INTRODUÇÃO

Enxergue-se além do espelho

Você já se olhou no espelho hoje? Essa parece até uma pergunta inocente, afinal, todo mundo se olha no espelho todos os dias, seja para escovar os dentes, seja para pentear o cabelo. Mas eu não estou me referindo a essa olhada rápida, quase funcional, e comum de todos os dias. Estou falando de algo um pouco mais profundo.

Vou refazer a pergunta: você já se olhou no espelho reparando em si mesmo? Com um olhar mais prolongado, observando seu rosto, o formato dos seus olhos, suas sobrancelhas, sua boca, suas linhas de expressão?

Mais uma vez, parece uma pergunta boba, afinal você se conhece bem, não precisa disso tudo. É aí que se engana! Na correria do dia a dia, com tantos afazeres e com tantas pessoas dependendo de você – marido ou esposa, filhos, trabalho, e por aí vai – é comum que não pare um tempo para se enxergar. Muitas vezes, as pessoas acabam se colocando em segundo plano e deixando sempre para depois o seu bem-estar. Ou então, quando decidem se cuidar, como fazer um tratamento estético ou iniciar uma atividade física, o fazem não por si, mas para agradar alguém ou para se encaixar em algum estereótipo definido pela sociedade.

Cadê VOCÊ, de verdade, nessa história toda? Pois é justamente isso que você vai encontrar neste livro. A necessidade de se enxergar, se gostar mais, se priorizar e, assim, ser mais feliz. Como cirurgião plástico, vejo pacientes chegarem ao meu consultório buscando corpos e rostos perfeitos e sem marcas e, quando eu lhes pergunto o porquê daquela escolha, escuto justificativas como "meu marido está me cobrando", "quero ser mais bem-vista pelas pessoas do meu trabalho", "trabalhei a vida toda, não tive tempo para conquistar alguém e agora quero um(a) parceiro(a)", "meu metabolismo é lento e por isso preciso da cirurgia plástica". Repare que há algo semelhante nessas respostas. Todas justificam a busca pela cirurgia plástica em um fator externo. A sensação é de estar fazendo algo para si, mas a realidade é outra. Na verdade, essas pessoas continuam se colocando em segundo plano, deixando que outros conduzam a vida delas. Elas não se priorizaram.

Por isso, no meu consultório, o protocolo é, antes de partir para uma cirurgia plástica, indicar que o paciente dê início a uma prática esportiva e a uma alimentação adequada. Faço isso porque quero mudar a chave, promover uma reflexão. Essa pessoa não precisa apenas ficar com um corpo bonito, precisa mudar a mentalidade de "fazer algo pelos outros" e assumir a de "fazer algo para si". Priorizar-se é legítimo, é autêntico e é saudável.

Você pode chegar a outro patamar de performance se assumir a liderança da sua vida. E acredite: colocar-se em primeiro lugar, amar-se e praticar o egoísmo ecológico — vou explicar mais à frente esse conceito e por que você deve praticá-lo — só vai lhe fazer bem. Não se trata de deixar de lado a sua família, a sua profissão ou qualquer outra coisa, mas de se colocar em primeiro lugar e analisar o que realmente faz sentido para a sua vida.

Você perceberá que, a partir do momento em que cuidar melhor de si, também cuidará melhor da sua família e das outras demandas do seu dia a dia. O método que vou apresentar não ensinará apenas a cuidar do seu bem-estar físico mas também do seu bem-estar mental. Prepare-se porque você sairá da sua zona de conforto. Vai doer em alguns momentos? Pode ser que sim. Ao fim da leitura, porém, eu lhe garanto que a transformação será compensadora.

Eu sei do que estou falando porque aprendi a me priorizar muito cedo. Aos 18 anos, comecei a aplicar essa metodologia na minha vida e senti a força dessa ação durante a minha caminhada. Foi graças ao egoísmo ecológico (olha ele aparecendo aqui de novo, está curioso para saber o que é?) que eu consegui me formar médico, me desenvolver profissionalmente, constituir minha família, ter meus filhos ao meu lado, entre outras coisas. E eu só consegui me desenvolver porque me priorizei. Assim como eu, qualquer pessoa pode mudar e realizar tudo o que sonhou, basta apostar no seu desenvolvimento pessoal.

Por isso, proponho-me a ensinar a você, que está lendo este livro, o mesmo que aprendi lá atrás e continuo aplicando até os dias atuais. O que quero é empoderar você para que, ao fim da leitura, sinta-se mais forte, determinado com suas escolhas e feliz consigo mesmo. Que você, homem ou mulher, aprenda a se colocar em primeiro lugar no mundo para, depois, correr atrás dos resultados relacionados ao que está a sua volta. Porque somente ao se fortalecer e se priorizar você tomará para si a liderança da sua vida, necessária para alcançar a tão almejada alta performance da mente e do corpo.

Nas próximas páginas, vou apresentar o método que criei e que o ajudará a tomar as rédeas da sua vida. Segue comigo?

Boa leitura!

1

O MUNDO VEM EM

primeiro lugar

Minha avó materna, Clotildes, a vó Filinha, passou a vida servindo a família: o marido e os seis filhos, sobretudo, o quinto deles, que sofrera uma paralisia cerebral no nascimento e necessitava de cuidados especiais. Acontece que esses cuidados eram mais que especiais, eram exclusivos para ela. Assim, viveu trinta e oito anos da sua vida praticamente dentro de casa. Não saía para encontrar as pessoas, raríssimos eram os eventos que frequentava com a família e até mesmo aquelas comemorações especiais, como o Natal, aconteceram poucas vezes na casa dela. Aos poucos, sua vida foi ficando para trás. Ela se fechou em um mundo quase paralelo, em que só vivia para o filho excepcional em uma relação de dependência mútua. Ele precisava dela (disso não há dúvida), porém ela também precisava dele para justificar sua ausência e a necessidade de estar sempre em casa. Era nítido que não era feliz, mas, no seu entendimento, a vida era assim e nada poderia ser feito.

Não tinha vaidade, não se olhava direito no espelho – só quando estritamente necessário – e, do lado de fora, a vida estava passando. Os filhos mais velhos crescendo, novas famílias sendo constituídas, e ela só acompanhava tudo de dentro daquele mundinho que ela mesma criou.

Até que meu tio faleceu e meu avô também. E a minha querida avó Filinha se perdeu. Ela não sabia o que fazer, não sentia prazer em sair de casa; afinal, era algo desconhecido para ela. Não se reconhecia como mulher nem como uma pessoa inserida em uma sociedade. Tentamos tirá-la de casa, levá-la a viagens e eventos sociais, mas, com seu jeito meigo e simples, sempre respondia: "Não dá. Eu tenho que ficar aqui". Na verdade, não havia mais nada que a prendesse em casa, entretanto, sentia-se presa. Dezesseis anos depois, ela faleceu.

O que aconteceu com a minha avó é que ela nunca se priorizou; aliás, nem aprendeu que poderia se priorizar. Sempre colocou os outros à sua frente. Nunca cuidou da saúde mental nem do próprio bem-estar físico. Nunca se permitiu uma fugida na rotina para realizar algo que lhe fizesse bem, nenhum tipo de autocuidado e, se nunca olhou para o exterior, imagine só para o seu interior.

A história dela é igual a milhares de outras, eu sei. Viveu sempre para o outro, nunca para si. Foi essa trajetória da minha avó que me fez observar outras pessoas que, embora não satisfeitas com a própria imagem nem com a própria vida, não conseguem tomar uma atitude para mudar esse cenário, pois acreditam que o certo e aceitável é priorizar o outro. Acreditam que essa é uma atitude altruísta. Em contrapartida, se colocar em primeiro lugar é bobagem, se amar é vaidade.

Se você está achando que isso só aconteceu com a minha avó porque ela era de outra geração, o que eu tenho a lhe falar pode assustar: em pleno século XXI ainda há pessoas nessa situação. Eu posso lhe dizer que, de acordo com minha experiência como cirurgião plástico, em torno de 80% das pacientes que desejam fazer uma cirurgia plástica o fazem por alguém. Ou para ficar mais atraente para o marido, ou para ficar mais bonita entre as amigas, ou para parecer tão atraente quanto aquela pessoa que posta fotos nas redes sociais, enfim, sempre há um fator externo nessa busca. E não é de agora que se fala nesse assunto. Um levantamento publicado no jornal britânico *Daily Mail* em 2013 já mostrava que 26% das mulheres e 11% dos homens daquele país que procuravam a cirurgia plástica eram recém-divorciados que queriam chamar atenção dos ex-parceiros e provocar ciúme. A prática ganhou até um nome. É a "cirurgia plástica da vingança" (em inglês, *revenge plastic surgery*).[1]

Ora, se a pessoa quer fazer uma cirurgia plástica por alguém, melhor repensar. **Essa busca pela melhoria do corpo é válida, mas precisa ser feita com a consciência de que essa mudança é por si mesmo, e não pelo outro.**

---

1 WINTER, K. The rise of 'revenge surgery': a growing number of divorcees are going under the knife in a bid to make their ex jealous. **Daily Mail**, 23 maio 2013. Disponível em: https://www.dailymail.co.uk/femail/article-2329494/The-rise-revenge-surgery-More-divorcees-going-knife-bid-make-ex-jealous.html. Acesso em: 26 fev. 2022.

> **Priorizar-se dói porque exige crescimento interior. Esse processo envolve enxergar-se melhor, reconhecer as próprias fraquezas e não fugir dos desafios. Para não ter de passar por isso, as pessoas transferem essa responsabilidade para o outro, seja o cônjuge, o filho, seja até mesmo a sociedade em que estão inseridas.**

Essa pessoa, inconscientemente, para de olhar para si porque, em geral, considera (e aprendeu isso a vida toda) que tudo é mais importante do que ela mesma e acaba deixando os seus sonhos e as suas necessidades de lado. Ora, por que aceitar isso?

Já tive casos de muitos pacientes em que constatei essas crenças rapidamente e apresento-lhe dois bastante representativos. O primeiro é de uma jovem, por volta de 29 anos, casada e mãe de gêmeos ainda pequenos. Vou chamá-la de Joana.[2] Para os outros, ela vivia a vida dos sonhos de qualquer mulher: tinha uma casa bonita, filhos saudáveis e um marido que a amava. Até que ela descobriu que esse "parceiro perfeito" estava tendo um caso extraconjugal.

Joana sentiu um baque grande e, logo, assumiu a culpa pela traição. Buscava, na cirurgia plástica, uma maneira de solucionar questões que não estavam diretamente ligadas com a busca de sua melhor versão. A repercussão foi frustrante tan-

---

2 Nomes fictícios foram utilizados em todos os casos que apresentam exemplos de pacientes para preservar a identidade deles.

Priorizar-se dói porque exige

crescimento interior

to para ela quanto para mim, pois, poucos meses após a cirurgia, ela perdeu todo o resultado conquistado. Joana não precisava de uma cirurgia plástica, precisava se encontrar. Apenas com auxílio de um psicólogo conseguiu entender o que de fato a incomodava: mudar a aparência não curava a dor que ela sentia por investir anos de energia em seu casamento em vez de passar um tempo precioso cuidando de si, fazendo o que lhe trazia bem-estar, e não só o que agradava a terceiros.

 A intervenção estética poderia, sim, ter lhe trazido bons resultados se ela tivesse sido feita com o intuito de se priorizar, e não como uma tentativa de salvar o casamento ou para agradar o marido. Nem mesmo com a traição Joana conseguiu olhar para si, e seguiu tentando fazer algo para agradar o marido. Não deu certo.

O outro paciente é Mário, um homem em torno de 50 anos, bem formado, concursado e em busca de recuperar sua juventude. Passou a vida trabalhando e priorizando ganhar dinheiro, mas sentia-se perdido, frustrado com seu peso extra, buscando se redesenhar para se adequar aos novos tempos e conseguir mostrar uma vida parecida com aquelas das redes sociais. Isso mesmo, ele queria ser como todo mundo que se mostra com corpo perfeito e sorriso largo no Instagram e no

Facebook. Era nítido para mim que ele buscava, na intervenção estética, a solução para um estilo de vida e mindset de escassez. Pessoas nessa posição se preocupam o tempo todo com a avaliação feita pelos outros, em como podem ser rejeitados ou criticados e se policiam para não errar, não perder e não fracassar.

No caso de Mário, a solução para todas as suas dores era o excesso – de comida, de trabalho, de dinheiro. E reconheceu na cirurgia plástica o caminho mais rápido para o que queria alcançar para si. Mas, como afirmo para todos os meus pacientes, apenas a cirurgia não basta: para manter a perda de peso e conquistar uma verdadeira transformação, é preciso trabalhar os fatores internos.

Adotar um estilo de vida mais saudável, procurar auxílio psicológico e até realizar cirurgias plásticas para se sentir melhor com você são apenas consequências do ato de escolher primeiro a si mesmo. Priorizar-se é a única garantia de que o processo de transformação será completo e de que você não vai regredir para o estado de infelicidade e insatisfação no qual se encontrava quando começou a sua jornada.

Na minha trajetória profissional, sempre vi pessoas buscando procedimentos estéticos como solução para sua infelicidade e, inevitavelmente, suas expectativas não são atendidas. Para o processo de transformação funcionar, é preciso estar ciente de sua realidade e, sobretudo, entender que se escolher é, sim, uma possibilidade. Essa é a única maneira de não cair em um mundo de frustrações geradas por expectativas que não condizem com a realidade.

Priorizar-se

é a única garantia de que o processo de transformação será completo

A VERDADE BATE À PORTA

Por muito tempo, fugir da realidade poderia até ser uma escolha. Bastava se olhar o mínimo possível no espelho para se esconder de si mesmo. O roteiro é simples: a pessoa não gosta da imagem refletida, então fecha os olhos para ela e parte para o próximo compromisso do dia, colocando o trabalho, a família, o dinheiro ou qualquer outro fator em primeiro lugar. Entretanto, ninguém vive feliz dessa maneira. A agenda lotada de compromissos, na verdade, resulta em cansaço e frustração e não permite autocuidado, como uma massagem no meio do dia, ou trinta minutos de exercício físico alguns dias da semana.

Nem mesmo na pandemia da covid-19, que começou nos primeiros meses de 2020, isso aconteceu. Ora, se todos foram obrigados a ficar em casa, em princípio, deveria sobrar tempo para o autocuidado. Os deslocamentos diminuíram e não era mais preciso ficar horas e horas no trânsito caótico entre idas e vindas do trabalho ou outros compromissos. Mas não foi isso o que aconteceu.

Uma pesquisa realizada pela revista *Veja Saúde* em parceria com a Associação Brasileira de Medicamentos Isentos de Prescrição (Abimip) mostrou que um dos principais desafios desse período foi justamente realizar exercícios físicos regularmente, atividade considerada um pilar de autocuidado pela Organização Mundial da Saúde (OMS). O hábito foi altamente impactado com o fechamento de academias, parques públicos e estúdios fitness. A alimentação, considerada outro pilar de autocuidado, também foi prejudicada. Um terço das pessoas que participaram da pesquisa revelaram que passaram a consumir mais doces e perceberam também descontrole com a comida, provavelmente ocasionados pela ansiedade devido ao período pelo qual estávamos passando.[3]

Além disso, a pandemia fez a realidade bater à porta de maneira nunca antes imaginada. A necessidade de ver a própria imagem refletida na tela do computador todos os dias durante as inúmeras reuniões on-line abriu espaço para reflexões sobre autoimagem. Até os encontros com a família e com os amigos foram, por um período, feitos por videoconferência – recurso que permitiu que grande parte das pessoas conseguisse continuar suas atividades, apesar do isolamento social. Nessas chamadas de vídeo, as pessoas viam a própria imagem durante muito tempo, o espelho que evitavam todos os dias. Não havia como fugir e deixar de reparar nas ruguinhas e em outros sinais no rosto que tanto incomodam.

Uma pesquisa realizada nos Estados Unidos mostrou que 35% dos trabalhadores se sentem menos atraentes em videochamadas do que na vida real. E mais: uma marca de cosméticos do mesmo país constatou que uma em cada dez mulheres nota mais rugas em seu rosto quando está nas reuniões on-line.[4] O que acontece é que, diferentemente de um post ou *story* no Instagram, em que se pode usar filtros

---

3 TENORIO, G; LYRA, T. Autocuidado em tempos de pandemia. **Veja Saúde**, 24 jul. 2020. Disponível em: https://saude.abril.com.br/especiais/autocuidado-em-tempos-de-pandemia/. Acesso em: 4 fev. 2022.

4 RODULFO, K.; LANE-GODFREY, G. Is Spending All Day on Zoom Killing Your Confidence? **Women's Health**, 6 abr. 2021. Disponível em: https://www.womenshealthmag.com/uk/health/mental-health/a34871001/zoom-self-esteem/. Acesso em: 16 jul. 2021.

e mudar a aparência, nessas chamadas não há o que fazer além de encarar a verdade nua e crua.

A pandemia ainda trouxe outro fator que afetou psicologicamente muitas pessoas: convivência mais intensa com aqueles que moram na mesma casa. Antes, uma família se via de manhã e à noite – quando era possível –, mas a necessidade de se manter dentro de casa obrigou ao contato vinte e quatro horas por dia. Com isso, comportamentos do outro que antes eram negligenciados ou, simplesmente, deixados de lado passaram a incomodar muito.

Os momentos de conflito, em geral, fazem com que todas as verdades sejam colocadas na mesa. O que fazer? Mais uma vez, a tendência é que os problemas sejam jogados para debaixo do tapete e a vida siga do jeito que está. Mudar é doloroso, melhor deixar para lá. Será?

A QUESTÃO DAS REDES SOCIAIS

Antes mesmo da popularização das plataformas de videoconferência, as redes sociais já contribuíam para essa sensação de frustração. No Instagram, por exemplo, as fotos superproduzidas, com todos muito bonitos e em lugares paradisíacos, fazem com que todos os outros que não estejam na mesma situação sintam-se fora do padrão. *Selfies*, filtros e aplicativos de alteração de imagem têm um efeito drástico na autoaceitação. Mesmo sabendo que aquelas fotos não são reais, as pessoas tendem a se sentir desprivilegiadas e inferiorizadas porque se comparam. Isso é inevitável. O problema é que "não há como comparar o palco de alguém com o seu bastidor". Essa frase de autoria desconhecida e que ficou bastante popular nas redes sociais reflete a mais pura verdade. Não há como se sentir bem quando a pessoa está linda em Dubai e você está trabalhando, aguentando seu chefe e a pressão por resultados, dentro de casa.

Essa comparação irreal e inatingível mexe com a autoestima das pessoas. Um estudo experimental realizado na Universidade da Pensilvânia mostrou a conexão entre o uso das mídias sociais e os sentimentos de depressão e solidão, concluindo que quanto mais se usa essas plataformas, maior a tendência a baixar a autoestima.[5]

Segundo o autor Roberto Shinyashiki em seu livro *Desistir? Nem pensar!*,[6] pessoas com baixa autoestima alimentam diálogos internos negativos, concentrando-se em suas fraquezas, no que há de errado na vida delas, e vivem com a sensação de que precisam melhorar para se adequar a esse padrão das redes sociais. Mais uma vez, no lugar de se conhecer e se priorizar, investem em mostrar nas redes o que não é a realidade, se arrumam para tirar fotos e mostrar para os outros que estão bem.

5 TURNER, E. What is Zoom doing to our mental health and body image? **Glamour Magazine**, 5 set. 2020. Disponível em: https://www.glamourmagazine.co.uk/article/zoom-self-esteem-mental-health-and-body-image. Acesso em: 20 jul. 2021.

6 SHINYASHIKI, R. **Desistir? Nem pensar!:** O que você precisa fazer para atingir o seu próximo nível. São Paulo: Gente, 2021.

"Não há como comparar o palco de alguém com o *seu bastidor*"

Não se sentem seguras para assumir que precisam mudar para se sentirem melhores em relação à própria imagem. Algo que pode ser simples, mas que faria grande diferença para elas, e não para os outros.

O EGOÍSMO

Eu costumo dizer que as pessoas deveriam praticar o egoísmo ecológico. Mas, afinal, o que é isso? Se analisarmos o significado de egoísmo isoladamente, encontraremos que é a "atitude daquele que busca o próprio interesse, acima do interesse dos demais",[7] e é encarado pela maioria das pessoas como nocivo. Já "ecológico" é o que vive em harmonia com o seu redor, como a relação entre os organismos vivos e os ambientes em que habita.

Assim, egoísmo ecológico é você se priorizar para viver em harmonia consigo e com as pessoas à sua volta, indo em busca da sua melhor versão. Entenda que somente você pode cuidar de si, apenas você entende as suas necessidades e está pronto para satisfazê-las. Não há como transferir essa responsabilidade para outro alguém. Você só conseguirá ser melhor para as outras pessoas se for melhor para si mesmo, se alcançar a sua melhor versão.

Isso nada tem a ver com egocentrismo. Ser egocêntrico é olhar somente para si, para o seu ego, colocando a sua razão

---

7 EGOÍSMO. *In*: DICIONÁRIO Michaelis. São Paulo: Melhoramentos, 2022. Disponível em: https://michaelis.uol.com.br/moderno-portugues/busca/portugues-brasileiro/ego%C3%ADsmo%20/. Acesso em: 20 jan. 2022.

como única ou acima da razão dos outros. Ainda que se sinta confiante e seguro – e passe essa imagem para quem o cerca –, suas atitudes são, na verdade, sinais de arrogância e imprudência.[8] Já o egoísmo ecológico permite que você olhe o outro e encontre meios de ajudá-lo, sem deixar de lado seu fortalecimento e autoconhecimento. Não há espaço para a arrogância nem para a teimosia.

Estamos começando este livro, e o que eu proponho é que você passe a pensar diferente a partir deste momento. Entenda que não há nada de nocivo em buscar o seu interesse. Escolher-se é legítimo e corajoso. Mais do que isso: é uma opção válida e possível em sua vida. Minha missão é mostrar a importância de focar os fatores internos de transformação e ensinar que cuidar dos fatores externos é uma consequência do ato de se priorizar. Apenas assim você conseguirá passar por um processo de transformação da sua realidade. Pare de acreditar que a sua vida atual não tem solução e que tudo bem viver assim.

Desde muito novo, eu aprendi a praticar o egoísmo ecológico na minha vida e acho importante contar essa passagem. Eu fui pai muito cedo. Quando me preparava para o vestibular de Medicina em uma universidade pública (não havia chance de pagar por uma faculdade particular), minha namorada me contou que estava grávida. Tínhamos 19 anos e, naquele momento, toda a nossa atenção e energia estavam voltadas

8 HOLIDAY, R. **O ego é seu inimigo**: como dominar seu pior adversário. Rio de Janeiro: Intrínseca, 2017.

Escolher-se
é legítimo
e corajoso

para as provas que se aproximavam, porque ela também estava estudando para entrar na faculdade. Foi um choque para os dois.

Em vez de me desesperar e abandonar tudo, eu coloquei esse egoísmo no jogo e pedi a ela três meses. Era o tempo necessário para terminar nossa preparação para as provas. Eu estudava catorze horas por dia. Quando falo dessa época, sempre me vem à mente um conselho da vó Filinha. Ela dizia: "Estude Getúlio Vargas, filho. Certo que vai cair". Virei o maior especialista em Getúlio! (Sempre me divirto lembrando dessa história.) Assim, durante esse tempo, eu me desliguei de tudo e foquei o que precisava. E a minha namorada também. Ao fim do período – já com a confirmação de que conseguira a tão sonhada vaga em Medicina –, nós nos sentamos com os nossos pais e definimos o nosso futuro. Eu não larguei o meu filho, eu não deixei a minha responsabilidade de lado, mas sabia que precisava me priorizar e que entrar na faculdade seria importante para mim e para o futuro da família que eu estava começando a formar. Ou seja, eu precisava conseguir o melhor para mim para depois dar o melhor para eles. Hoje, meu filho Luca tem 23 anos, mora comigo e, enquanto finalizo este livro, está se formando em Medicina. O que eu fiz doeu lá trás, entretanto me possibilitou ser quem eu sou hoje, criar essa relação com o meu filho e oferecer a ele uma vida muito melhor do que a que eu tive. Esse era um dos meus objetivos.

Então, por que o egoísmo precisa ser algo ruim? Não mesmo! Não tem de ser assim.

Antes que você prossiga a leitura e vá para o próximo capítulo, eu quero propor um desafio. Reflita sobre as seguintes perguntas: você já se priorizou? Já se colocou à frente dos outros pelos seus próprios interesses?

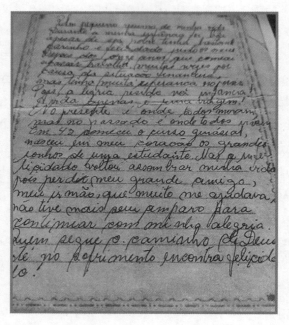

Primeira página do diário da minha Vó Filinha.

2

POR QUE AS PESSOAS

priorizam o mundo em vez de se priorizarem?

No capítulo anterior, eu deixei uma pergunta: você já se priorizou? Sua resposta até pode ter sido "sim", mas, se você se interessou por este livro, é porque ainda quer trabalhar esse assunto em sua vida. No entanto, se a sua resposta foi negativa, não se preocupe. Você está no caminho para mudar esse comportamento.

A vida inteira você ouviu que se priorizar era errado, "bonito" era servir ao outro e colocar o interesse coletivo à frente dos seus. Esse pensamento de não priorizar os próprios interesses é estimulado desde a infância, quando a criança é treinada a não pensar em si e ensinada que o melhor é sempre pensar no outro primeiro. Algumas pessoas justificam esse comportamento de sempre colocar o outro à frente como altruísmo, a ação voluntária de um indivíduo beneficiar de alguma maneira o outro. O problema é que interpretam essa ação de maneira errada. Como se, para ajudar o outro, você tivesse de se colocar em segundo plano sempre.

Não estou falando que você não precisa praticar o bem, ajudar as outras pessoas. O que eu insisto é na ideia de que, antes, você precisa se ajudar. Não adianta ajudar o outro se isso vai lhe fazer mal, ou fazer algo para si pensando em beneficiar o outro. É preciso encontrar um equilíbrio entre o dar e o receber.

O cientista inglês Charles Darwin, que estudou a evolução das espécies no século XIX, já questionava o altruísmo, que considerava um mistério. Afinal, se a seleção natural beneficia o mais apto a sobreviver, não há motivo para a generosidade na natureza, que muitas vezes implica custo de vida para quem a pratica.[9] Assim, o egoísmo se faz necessário para a sobrevivência dos seres humanos.

A autora Ayn Rand, criadora da ética objetivista – cujos valores são determinados pelos acontecimentos da realidade, portanto são objetivos, e não pela construção de pensamentos, algo subjetivo – em seu livro *A virtude do egoísmo*,[10] reforça a ideia de que uma pessoa deve ser a beneficiária das próprias ações e de que é legítimo agir pelo próprio interesse. Para ela, afirmar que o altruísmo não é permitido ao homem que se autorrespeita é uma das piores acusações

---

9 MARCARIAN, E. Chimpanzés são capazes de ato generoso, diz estudo. **Folha de S.Paulo**, 15 fev. 2006. Disponível em: https://www1.folha.uol.com.br/fsp/ciencia/fe2606200701.htm. Acesso em: 29 set. 2021.

10 RAND, A. **A virtude do egoísmo**: a verdadeira ética do homem. Porto Alegre: Ortiz, 1991.

É preciso encontrar *um equilíbrio* entre o dar e o receber

feitas a essa ação. Ou seja, se eu me respeito, se eu me enxergo e me coloco como prioridade, não sou capaz de ser altruísta. Esquece! Na década de 1960, Ayn Rand já rejeitava esse significado.

O COLETIVISMO E O INDIVIDUALISMO

Além disso, ainda há que considerar os conceitos de individualismo e coletivismo, outras correntes que também ajudam a moldar os pensamentos da sociedade muito relacionados à falta do hábito de se priorizar.

O individualismo refere-se à ação de pensar em si, o "eu" acima do "nós". Culturas em que o individualismo é exaltado caracterizam-se por valorizar a autonomia do indivíduo e sua independência emocional dos grupos sociais. Já o coletivismo é a tendência à cooperação e a ideia de que o grupo do qual a pessoa faz parte importa mais do que a própria pessoa.[11] São situações antagônicas, mas isso não quer dizer que uma seja mais positiva do que a outra.

O cotidiano, porém, transformou a definição real desses conceitos divulgados por estudiosos durante séculos. O individualismo é, hoje, visto como negativo, relacionado àqueles que só pensam em si e não se interessam pelas pessoas que os rodeiam. Duvido que você nunca tenha ouvido

---

11 GOUVEIA, V. V. *et al.* **Dimensões normativas do individualismo e do coletivismo: é suficiente a dicotomia pessoal vs. social?** Departamento de Psicologia, Universidade Federal da Paraíba, João Pessoa, 2004. Disponível em: https://www.scielo.br/j/prc/a/TJbBNpHzwyP7nPfQmSzM3Mv/?lang=pt. Acesso em: 30 set. 2021.

a frase: "Você é muito individualista!". Como temos um conceito errado na cabeça, nos sentimos mal, como se estivéssemos errados. Mas não é bem assim.

Ser individualista promove autoconhecimento e independência em relação à sociedade. Assim, valoriza-se as próprias escolhas. Isso vai ao encontro do que prega o objetivismo de Ayn Rand, que defende que o propósito moral da vida é a busca do autointeresse racional, da própria felicidade.[12]

Por outro lado, o coletivismo, visto com bons olhos e sempre muito estimulado, tanto no ambiente familiar quanto no social, entre adultos e crianças, gera certa padronização no pensamento e nas atitudes das pessoas. Por experiência própria, eu digo que é muito mais fácil tentar convencer um grupo grande de pessoas sobre determinado assunto do que convencer um indivíduo apenas. Em um grupo, uma pessoa influencia outra e, rapidamente, o grupo todo pode ser manipulado. O foco, mais uma vez, deixa de ser o indivíduo para ser o coletivo.

Essa força coletivista ganhou mais espaço com a Escola de Frankfurt, um movimento criado por intelectuais e filósofos alemães nos anos 1930 que, entre outras ideias, defendia que a cultura social era a principal maneira de modelar a mentalidade e a visão política das pessoas. Assim, alterando-se a cultura, alterava-se o pensamento de toda uma comunidade. E, para isso, era preciso se infiltrar em canais institucionais,

---

12 MACIEL, W. Objetivismo. **InfoEscola**, 2006-2022. Disponível em: https://www.infoescola.com/filosofia/objetivismo/. Acesso em: 29 set. 2021.

> Portanto, colocar o coletivo como prioridade não é apenas uma questão de hábito, há também um pesado fator histórico por trás dessa ação, que gera uma grande desvalorização da individualidade que se perpetua por muitos anos. Daí o sentimento ruim que surge quando você faz algo para si, deixando outra pessoa de lado. Por isso, é normal que inicialmente a ideia de aplicar o egoísmo ecológico cause desconforto, afinal fomos ensinados a vida toda a nos sentirmos dessa maneira.

como a mídia e a educação,[13] veículos que atingem muitas pessoas ao mesmo tempo.

FALTA DE AMOR-PRÓPRIO

Até agora já conseguimos identificar dois fatores que sabotam a autopriorização: a interpretação incorreta do altruísmo e a necessidade de olhar primeiro para o coletivo. Mas ainda há outros fatores envolvidos. Um deles é a falta de amor-próprio. Entenda por amor-próprio aquele amor que a pessoa sente por si, por seus defeitos, qualidades, fracassos, conquistas, enfim, por toda a sua trajetória de vida.

Quando falta esse amor-próprio, a pessoa não enxerga o seu valor, a sua dignidade e não se sente merecedora de se colocar em primeiro lugar.

---

13 GRASS, C. A Escola de Frankfurt, o marxismo cultural e o politicamente correto como ferramenta de controle. **Instituto Ludwig Von Mises Brasil**, 5 maio 2016. Disponível em: https://www.mises.org.br/article/2401/a-escola-de-frankfurt-o-marxismo-cultural-e-o-politicamente-correto-como-ferramenta-de-controle. Acesso em: 5 out. 2021.

Ser individualista

promove autoconhecimento e independência em relação à sociedade

Em vez de olhar para si, prende-se à atenção de pessoas queridas, filhos, parceiros, pais, irmãos, amigos, e à imagem que eles têm dela. Agarra-se à opinião de todos e à necessidade de agradá-los, moldando-se ao que querem, diminuindo a sua autoestima. As consequências podem ser devastadoras: ansiedade, estresse, maior probabilidade de depressão, menor desempenho acadêmico e profissional e até consumo exagerado de bebidas alcoólicas.[14] Além disso, doenças como a obesidade e distúrbios como a bulimia e a anorexia podem ser resultados da baixa autoestima.[15] **Enfim, para muitos, a aprovação do outro é algo tão relevante que está acima de suas vontades e até de sua autoaprovação.**

Eu vejo isso em meu consultório continuamente. Recebo pessoas que querem fazer cirurgias plásticas para ganhar um novo corpo porque procuram mais uma forma de chamarem a atenção e se moldarem à sociedade. Elas não se preocupam com o lado emocional. Naquele momento, o importante é olhar o lado prático da questão: ficar com o corpo tão desejado. A minha experiência, porém, mostra que isso não dá certo. Se o emocional não estiver bem preparado, as chances de voltar a ganhar peso ou continuar insatisfeito são gigantes.

O empresário Paulo Vieira, autor de vários livros de sucesso, disse em uma palestra a que assisti que só existem

---

14 The University of Texas at Austin, Counseling and Mental Health Center. Disponível em: https://cmhc.utexas.edu/selfesteem.html. Acesso em: 9 fev. 2022.

15 GALLAS, J. C.; OLIVEIRA, C.; SHMIDTT, A. **O mercado da beleza e suas consequências**. Universidade do Vale do Itajaí (UNIVALI). Disponível em: http://siaibib01.univali.br/pdf/Alexandra%20Shmidtt%20e%20Claudete%20Oliveira.pdf. Acesso em: 9 fev. 2022.

duas maneiras de as pessoas mudarem: pela repetição ou por constrangimento. No caso de uma pessoa obesa que procura a cirurgia plástica para resolver seu problema, insisto na mudança de hábitos, fazendo-a perceber que isso afeta a sua saúde física e representa até risco de vida. É esse constrangimento que deve promover a mudança, o do seu bem-estar, e não a necessidade de ser bem-vista pela sociedade.

Atualmente, vivemos em um mundo muito rápido, no qual as pessoas não querem mais perder tempo para nada. Querem uma profissão que lhes dê o retorno financeiro rápido, preferem a pílula milagrosa à academia, buscam a cirurgia plástica como única alternativa para o "corpo ideal", e assim por diante. Mais do que a mudança mental, o que importa é a gratificação instantânea.

É esse o princípio de quem abusa dos filtros das redes sociais. Apresenta, aos outros, a imagem da aparência e da vida perfeitas, mas a verdade não é assim. Com o tempo, isso prejudica a autoaceitação. Uma pesquisa realizada na Universidade da Pensilvânia mostrou que navegar nas redes sociais faz com que as pessoas se sintam pouco atraentes e inadequadas.[16] Por isso, muitos abusam dos filtros ou das fotos irreais, pois acreditam que precisam daquilo para serem aceitos em um grupo. Sentem-se confiantes somente quando se apresentam dessa maneira e fazem da vida apenas um perfil nas redes sociais.

16 WANG, R.; YANG, F.; HAIGH, M. Let me take a selfie: exploring the psychological effects of posting and viewing selfies and groupies on social media. **Elsevier Telematics and Informatics**, v. 34, n. 4, pp. 274-283, jul. 2017. Disponível em: https://www.sciencedirect.com/science/article/abs/pii/S0736585315301350. Acesso em: 5 out. 2021.

> Essa supervalorização das redes sociais influencia a rotina das pessoas. Existe um dia X para postar fotos, um horário Y para mais audiência nos *stories*, um ângulo Z para fotografar, um cenário para causar inveja... o importante é aparecer bem no comparativo entre os seguidos e os seguidores. Busca-se o melhor carro, a melhor casa, a melhor roupa, o melhor corpo, o melhor cabelo... A felicidade e a realização não estão no que a pessoa é, em seu interior, mas no que ela tem. O "ter" ganha vantagem sobre o "ser".

Nesse contexto, priorizar-se fica em segundo lugar, porque está ligado ao "ser", ao sucesso emocional, e isso só acontece quando a pessoa para de se comparar com o outro e passa a correr atrás dos seus desejos genuínos. Eu sou um exemplo disso. Sempre frequentei a escola pública e tinha o desejo de ser médico. Como já contei, estudei muito para entrar em uma universidade pública, pois eu sabia que era minha única chance de realizar esse desejo. Eu não me comparei com os outros que tinham como pagar os estudos e poderiam ter mais chances de entrar em uma faculdade. Em vez disso, eu me priorizei e segui adiante olhando apenas para o meu objetivo.

Ao longo da minha trajetória, passei por outros momentos como esse. Durante a faculdade, fiz estágio em um hospital psiquiátrico porque era o único que dava ajuda de custo; fiz residência em cirurgia plástica no Rio de Janeiro

Por que as pessoas priorizam o mundo em vez de se priorizarem?

e morei no próprio alojamento porque não tinha como bancar um apartamento. E eu já tinha uma família para sustentar, afinal o Luca nasceu quando eu estava no primeiro ano da faculdade.

Se eu me comparasse ao filho do cirurgião plástico que já veio de uma família de médicos, que teve a chance de estudar no exterior, que falava vários idiomas e era meu concorrente direto, tanto nos concursos quanto no trabalho, eu nunca chegaria aonde cheguei. Com certeza, desistiria no meio do caminho, convencido de que aquilo não era para mim. Mas eu confiei na minha capacidade de aprender e em todo o conhecimento que adquiri em cirurgia plástica ao longo do tempo. Deu certo!

O que eu fiz foi me concentrar em mim e no meu círculo da competência. Esse conceito foi difundido pelo megaexecutivo Warren Buffett, um dos homens mais ricos do mundo, e afirma que ninguém precisa entender de todos os assuntos e de todas as áreas, sobretudo daquelas mais diferentes e específicas. Em vez disso, é melhor se ater a uma área de conhecimento, aquela que você conhece melhor, a sua especialização, e ser o melhor naquilo que você realmente sabe.[17] No meu caso, eu sabia que eu não tinha a mesma rede de contatos dos meus concorrentes, não tinha carta de recomendação, falava apenas inglês e um pouco de espanhol, mas eu sabia estudar, essa era a minha vantagem.

17 UNDERSTANDING your Circle of Competence: how Warren Buffett avoids problems. **Farnam Street**, 2022. Disponível em: https://fs.blog/2013/12/circle-of-competence/. Acesso em: 5 out. 2021.

Quando falta esse *amor-próprio*, a pessoa não enxerga o seu valor

Por que as pessoas priorizam o mundo em vez de se priorizarem?

Uma vez fiz uma prova muito concorrida com outros 5 mil cirurgiões gerais por quatro vagas no curso de especialização. Foquei o meu círculo da competência, priorizei o que sabia fazer, o que queria naquele momento e fiquei em segundo lugar. Você acha que eu conseguiria essa vaga se ficasse me comparando com os demais e colocando a vontade dos outros à frente da minha?

MULHERES SÃO AS MAIS AFETADAS

Embora essa falta de priorização afete tanto homens como mulheres, são elas as que mais sofrem. Filhos, trabalho, casa, parceiro, parentes, parece que tudo na vida vem antes delas mesmas. O homem, por si só, é mais individualista (e estou falando positivamente, lembra?) e, por isso, não sente o mesmo peso que a mulher – olha aí a importância da priorização. Ele não deixa de jogar seu futebol, não deixa a cervejinha com os amigos de lado porque precisa lavar uma louça ou arrumar a casa. Ele faz depois ou delega.

Ainda existe uma visão machista de que a mulher é a responsável pelas obrigações domésticas e familiares, embora saibamos que 40% dos lares brasileiros são providos pelo salário feminino.[18] Ao homem, cabe apenas "pagar as contas", já

---

18 IPEA. **Retrato das desigualdades de gênero e raça – 20 anos**. Disponível em: https://www.ipea.gov.br/portal/images/stories/PDFs/170306_apresentacao_retrato.pdf. Acesso em: 5 out. 2021.

a mulher precisa "pagar as contas" e ainda cuidar de todo o resto. É uma carga muito grande para carregar. Ela não vê como encontrar tempo — e, às vezes, nem necessidade — para se priorizar. E aí o tempo vai passando, passando, e a vida acontece, enquanto ela só navega conforme as ondas, deixando que outras pessoas decidam o fluxo do mar. Mas não precisa ser assim!

Como mostrei, as causas do não se priorizar são muitas. Fatores pessoais, culturais e até históricos levam o indivíduo a não se priorizar, mas é preciso romper com esses fatores. É de extrema importância que cada um enxergue os próprios motivos e entenda por que precisa viver dessa maneira e como sair desse ciclo. Se alguém não consegue olhar para si com amor-próprio e admiração, provavelmente grande parte dessa carga emocional está ligada a problemas no decorrer de sua vida, ensinamentos de que o amor-próprio e o autocuidado são atitudes egoístas e vaidosas, e vistos como comportamentos negativos para o convívio em sociedade.

Não é fácil mudar essa chave e assumir uma nova postura na sua vida. Vai doer no começo, vai causar estranheza nas pessoas ao seu redor, mas será transformador. Sua vida fluirá de maneira mais leve, o que beneficiará também outras pessoas. **Continue comigo nesta leitura. Nos próximos capítulos vou ensinar como percorrer esse caminho que será um divisor de águas em sua vida.**

3

TRANSFORME
a sua vida

omo você já viu, priorizar-se é um ato legítimo e necessário, e a falta desse hábito não é somente algo que lhe foi ensinado mas também uma questão cultural e histórica. Então, para quebrar esse ciclo, é preciso mais do que estar ciente de tudo isso. É preciso ter força de vontade e estar disposto a sofrer um pouco com críticas até que as pessoas ao seu redor se acostumem com seu novo comportamento. Lembre-se: você está adquirindo um novo hábito, e é normal causar estranhamento no outro. Com o tempo, isso tende a mudar, porque você se tornará uma pessoa franca e, portanto, previsível. E as pessoas gostam da previsibilidade.

Este é um método definitivo de planejamento e organização da sua vida para praticar o egoísmo ecológico e aprender de uma vez por todas a se colocar em primeiro lugar, promovendo uma transformação verdadeira e definitiva. E mais: não se sinta mal por isso! Por meio do egoísmo ecológico será possível quebrar paradigmas e se libertar de possíveis "amarras" do passado que o impedem de se priorizar.

As ideias mencionadas neste livro nasceram da minha necessidade de me priorizar, pensando no meu futuro e no da minha família. Praticando o egoísmo ecológico, eu colhi sempre bons frutos. Desde a minha entrada na faculdade de Medicina e nos vários concursos que prestei, até hoje, na minha vida pessoal e profissional. Sei quanto é importante me enxergar antes de olhar para as outras pessoas.

Quando você se conhece, consegue mudar o rumo da sua vida! Para entender melhor o poder transformador do autoconhecimento, vou contar a história de uma paciente. Recebi em meu consultório Ana, que estava em busca de uma cirurgia plástica nas mamas. A flacidez a incomodava e mexia com a sua autoestima. Conversamos muito, e eu descobri que, para ela, a cirurgia não tinha somente a motivação estética – era parte de um processo de autoconhecimento que vinha acontecendo havia algum tempo.

Ana vivia um casamento malsucedido. A vida a dois não era legal e seu parceiro não a apoiava em suas decisões pessoais e profissionais. Isso foi, aos poucos, minando os seus

Quando você se conhece, consegue *mudar o rumo* da sua vida

sonhos, a sua vontade de crescer e a sua chance de se priorizar. Incomodada, ela buscou explicação para o que estava sentindo e passou a ler muito sobre a importância de se autoconhecer, de se colocar em primeiro lugar, de ter uma voz ativa em seus relacionamentos pessoais. Quando se convenceu disso, ganhou coragem para se assumir como a pessoa que é, com seus desejos, seus sonhos, suas angústias e suas insatisfações.

O primeiro passo da sua mudança foi a cirurgia plástica, que a empoderou. Depois, a coragem para sair daquele relacionamento amoroso frustrado. A partir daí, a sua vida se tornou outra. Ela cresceu profissionalmente e encontrou outro parceiro muito diferente do anterior, que lhe dá todo o suporte de que necessita. Ana ainda mudou de país e agora está no Canadá estudando e se tornando ainda melhor do que antes.

Se alguém visse a Ana de anos atrás e essa mulher de agora, perguntaria: o que aconteceu? Por que ela mudou tanto?

A resposta é muito simples. **Ela se priorizou.** Veja que ela não foi buscar a cirurgia plástica para salvar o seu casamento ou para se sentir mais bonita para o parceiro. Aquilo fazia parte dessa nova mulher que já havia nela e estava escondida. Por inúmeros motivos, até então, ela tinha deixado a vida moldá-la e dizer quem ela deveria ser.

Assim como a Ana, muitas pessoas passam por isso. Mas não dá para viver a vida inteira dessa maneira. Eu sei que você deve estar imaginando que dá, que conhece pessoas que são assim. A minha pergunta é: será que essa pessoa é realmente

Transforme a sua vida

feliz? Ou ela só se acostumou a viver dessa maneira? Assim como fez a minha avó Filinha, que não via outra vida a não ser aquela que vivia, não conhecia outra e, para ela, estava tudo bem viver assim.

 Para mim – e quero que para você também –, não faz sentido deixar que a vida se encarregue dessa tarefa ou, pior ainda, entregá-la nas mãos de um parceiro ou parceira, dos pais e até mesmo dos filhos. O problema é que as tarefas e as cobranças do dia a dia são tantas que acabamos nos esquecendo dos nossos propósitos: viver a nossa vida plenamente, ser quem somos, mesmo que isso desagrade a quem está ao nosso lado.

Sem notar, muitas pessoas entram em um ciclo de desprendimento de si mesmas. Mas está na hora de se assumir como você é, de se posicionar e ser muito mais feliz. Porque, quando nos colocamos em primeiro lugar, fazemos as melhores escolhas para nós mesmos em busca de nossa melhor versão. Consequentemente, também influenciamos as pessoas à nossa volta. Olha só: se eu decido ser médico, quero ser o melhor e priorizo todo o meu tempo para me tornar esse profissional, assim, terei condições de entregar melhores tratamentos para meus pacientes,

Está na hora de se assumir como você é, de se posicionar e ser *muito mais feliz* logo, ser bem remunerado por isso. E poderei ter uma qualidade de vida melhor e proporcionar o mesmo para meus filhos e minha esposa. É um ciclo em que apenas você pode dar o *start*.

O PROBLEMA DAS CRENÇAS LIMITANTES

Eu entendo quando as pessoas dizem que não conseguem dar esse *start*. João era um paciente obeso que já tinha me visitado algumas vezes, sempre com a ideia de que precisava emagrecer e, para isso, queria recorrer à lipoaspiração masculina. Por mais que conversássemos e eu dissesse que primeiro ele precisava mudar sua rotina e incluir atividade física e um cardápio saudável no seu dia a dia, ele achava que não conseguiria. Sempre me dizia que isso era muito difícil, e ele não era capaz.

O que impedia João de começar a se cuidar melhor eram as suas crenças limitantes. As mesmas que impedem qualquer pessoa de dar o *start* nessa nova vida. Crenças limitantes são as visões que temos de nós mesmos e que tomamos como verdades absolutas, mas nada mais são do que visões equivocadas da realidade. São resultado de experiências que vivemos, de situações a que somos expostos e da educação que tivemos, e criam obstáculos que nos impedem, inconscientemente, de tomar determinadas atitudes, porque acreditamos que somos incapazes. Pensamentos como "não sou capaz", "não sou bom o suficiente", "não sou inteligente", "fulano é melhor que eu" são frequentes.

O outro tipo de crença limitante é aquele que se apresenta na forma de desculpas que damos a nós mesmos para nos livrarmos de algumas situações. A pessoa diz que não gosta de academia quando na verdade tem vergonha de não conseguir fazer todos os exercícios propostos. Ou diz que não gosta de festas quando o que a afasta são as pessoas que estarão presentes lá. Ou fala que prefere ficar sozinha em casa, mas o que a deixa nessa situação é uma timidez excessiva que a impede de encontrar outras pessoas.

Meu paciente João vivia as duas situações. Acreditava que não era capaz e, como estava acima do peso, tinha vergonha de frequentar um local cheio de pessoas desfilando corpos malhados. Entretanto, essas crenças limitantes são entraves para encontrar a sua melhor versão.

Está na hora de quebrar esses pensamentos e se libertar desse problema. A chave para tudo isso está no autoconhecimento, o primeiro passo do método em que você mergulhará nas próximas páginas, porque não adianta focar o externo se o interno estiver uma bagunça. É como aquela família que prepara a casa para receber uma visita. A sala de estar fica toda arrumada, sem um detalhe da decoração fora do lugar. A bagunça fica escondida no quartinho no fundo. Para quem acabou de chegar, a casa parece superorganizada e funcional, somente quem mora lá sabe do quartinho, mas, em vez de arrumá-lo, fecha a porta. Se ninguém vê o que tem lá, dá para fazer de conta que não existe. É exatamente isso que algumas pessoas fazem com a vida delas. Deixam o externo bonito, bem arrumado, e lá dentro aquela confusão.

O egoísmo ecológico o ajudará a encarar essa problemática e, ainda assim, se apaixonar por você. E isso o levará a colher frutos positivos na sua vida porque, segundo o livro *A única coisa*, de Gary Keller e Jay Papasan, a paixão nos faz investir um tempo desproporcional naquilo que amamos, seja aprendendo, seja praticando alguma coisa. Tenha foco e vá em busca da única coisa que você decidiu seguir, ninguém alcança o sucesso sozinho.[19] **O egoísmo ecológico é a chave do sucesso em todas as áreas da sua vida.**

E, antes que eu seja julgado por deixar a família em segundo lugar, pare e entenda o método. Você vai ver como isso fará bem a todos os envolvidos. Colocar-me antes da minha família é saudável e necessário. Certa vez, li em um livro uma

Mais do que seguir um método, eu quero que você crie novos hábitos para a sua vida. Eles devem ser repetidos todos os dias para colaborar com o seu crescimento emocional. Hoje, eu tenho prioridades na minha vida das quais não abro mão. São valores inegociáveis. No topo da minha lista, estou eu mesmo. Na sequência, minha família e, depois dela, as questões profissionais — a clínica e todo o ecossistema em torno dela, como cirurgias, palestras, treinamentos que ministro etc.

19 KELLER, G.; PAPASAN, J. **A única coisa**: a verdade surpreendentemente simples por trás de resultados extraordinários. Rio de Janeiro: Sextante, 2021.

frase atribuída ao filósofo romano Sêneca, que explica bem por que você precisa se colocar no topo: "todos os que te chamam para si te arrancam de ti próprio". O melhor vinha depois dela, na conclusão do autor Rolf Dobelli, que dizia "por isso, aproprie-se do 'não de cinco segundos': é uma das melhores regras para uma boa vida".[20]

Você está preparado para dizer não? Está preparado para essa viagem em busca de você mesmo? Então vamos em frente. Eu encontro você no próximo capítulo.

20 DOBELLI, R. **Como pensar e viver melhor**: ferramentas mentais para a vida e os negócios. Rio de Janeiro: Objetiva, 2019.

4

Autoconhecimento:
CONSCIENTIZE-SE DE QUE A VIDA PODE SER MAIS

Eu vou propor aqui um desafio. Quando estiver em uma roda de amigos, pergunte se eles se autoconhecem. Certamente, a maioria vai falar que sim, afinal conhecer a si próprio é algo considerado básico. Mas eu vou lhe contar um segredo. De básico, o autoconhecimento não tem nada. Tanto que apenas 15% das pessoas de fato se autoconhecem.[21] E, assim como os seus amigos, você também pode achar que se autoconhece e, na verdade, ter uma visão superficial de si.

Essa tarefa é tão difícil porque para se autoconhecer é necessário olhar para si em profundidade, conectar-se com o seu eu verdadeiro, o que mexe com suas emoções e seus pensamentos, algo bem difícil de encarar. Mas, uma vez que você atinge esse nível, saberá o valor de se priorizar, de se colocar à

---

21 APENAS 15% das pessoas têm autoconhecimento. Como mudar isso? **Você S.A**, 6 nov. 2019. Disponível em: https://vocesa.abril.com.br/podcast/apenas-15-das-pessoas-tem-autoconhecimento-como-mudar-isso/. Acesso em: 22 out. 2021.

frente dos outros e fazer valer aquilo que faz bem a você. Não importa o que digam ou pensem.

Há séculos o autoconhecimento é estudado, tamanha a sua importância. E apesar de existirem linhas de pensamento diferentes, no fim, as ideias sempre convergem para o interior de cada um. Na Filosofia, por exemplo, autoconhecimento se refere ao conhecimento das próprias sensações, pensamentos e crenças e se difere do nosso conhecimento do mundo exterior, já que, nesse caso, o que pensamos sofre influência daquilo que os outros pensam.[22] O autoconhecimento é aquilo que conhecemos de nós, do nosso interior, algo que cabe somente a nós mesmos.

Para Carl Jung, precursor da Psicologia analítica, o autoconhecimento é um tesouro: "O conhecimento de mim mesmo era o único e maior tesouro que possuía. Apesar de infinitamente pequeno e frágil comparado aos poderes da sombra, era uma luz, minha única luz".[23]

Eu demorei muitos anos para encontrar esse tesouro descrito por Jung, mesmo sabendo da importância do egoísmo ecológico e já o colocando em prática em minha vida. Somente quando me aprofundei de verdade nesse tema, com muita leitura, terapia e cursos, entendi o meu mecanismo de pensar. E foi enriquecedor.

---

22 GERTLER, B. Self-knowledge. **The Stanford Encyclopedia of Philosophy**, 2021. Disponível em: https://plato.stanford.edu/entries/self-knowledge/. Acesso em: 1º mar. 2022.

23 ALVES, A. D. **Do segredo ao sagrado: o autoconhecimento nas narrativas de C. G. Jung**. Tese (Doutorado em Ciências Sociais) – Centro de Ciências Humanas, Letras e Artes, Universidade Federal do Rio Grande do Norte, Natal, 2018. Disponível em: https://repositorio.ufrn.br/jspui/bitstream/123456789/24940/1/SegredoSagradoAutoconhecimento_Alves_2018.pdf. Acesso em: 1º mar. 2022.

Autoconhecimento: conscientize-se de que a vida pode ser mais

Diante disso, vou ensiná-lo este primeiro passo do método para praticar o egoísmo ecológico e se priorizar: se autoconhecer é ter um mapa da sua vida em mãos pelo qual você pode se orientar e saber para onde e como seguir de acordo com aquilo que deseja. Assim, primeiro você olhará para si e depois para o mundo que o cerca. Não se trata apenas saber quem você é, mas de saber o que o seu corpo, mente e espírito anseiam para viver uma vida plena.[24]

 É mágico entender que não é o fator externo que o modifica e, sim, o seu interior ou a sua essência. A todo momento somos bombardeados com estímulos que nos fazem correr atrás de coisas tangíveis para demonstrar riqueza, sucesso, abundância – busca-se o carro do ano, a melhor casa, a viagem àquele lugar paradisíaco (e, claro, postando tudo nas redes sociais). Isso não mostra quem você é, apenas o que você tem. E não há problema nenhum em ter. O problema é quando a pessoa passa a se enxergar pelos bens que acumula e usa todo o seu tempo para conquistá-los, esquecendo-se do que realmente importa, o que está por dentro.

---

24 GISONNI, D. Self-awareness increases with meditation. **Huffpost**, 29 ago. 2013. Disponível em: https://www.huffpost.com/entry/meditation-tips_b_3830431. Acesso em: 1º mar. 2022.

Se autoconhecer é ter um mapa da sua vida em mãos

Essa busca interior passará por questionamentos que mexerão com suas emoções e seus pensamentos. São essas "cutucadas" que o farão crescer. Crescer como pessoa consciente de seus erros e acertos, e sabendo que pode melhorar. Não precisa de muito, como ensina James Clear, no livro *Hábitos atômicos*,[25] apenas se proponha a melhorar 1% a cada dia e chegará ao autoaperfeiçoamento. Quando falo em 1% ao dia, parece pouco, mas pense no longo prazo. Em um ano, você será 365 vezes melhor do que quando começou essa jornada. **Portanto, não tenha pressa em se autoconhecer. Esse não é um processo que durará um dia nem um mês. É um processo longo, construído aos poucos.**

A partir de agora, vou conduzir você a uma série de pequenas atividades que poderá fazer rumo ao seu autoconhecimento. É claro que eu não tenho a pretensão de atingir o seu autoconhecimento profundo – e, se essa é a sua intenção, sugiro que procure a terapia, uma das melhores coisas que fiz para alcançar isso –, a ideia é apenas que você inicie esse processo. São atividades simples e que você pode colocar em prática hoje mesmo.

1 PRATIQUE A MEDITAÇÃO

A meditação é uma poderosa ferramenta para se conhecer melhor e uma das experiências mais íntimas que você pode ter.

---

25 CLEAR, J. **Hábitos atômicos**: um método fácil e comprovado de criar bons hábitos e se livrar dos maus. Rio de Janeiro: Alta Life, 2019.

Quando você se concentra em si mesmo, entra em contato com as suas emoções, seus sentimentos e seus pensamentos mais profundos, que incluem, é claro, o autoconhecimento.

Tudo isso porque a meditação age diretamente no cérebro. Foi o que constatou uma pesquisa realizada pela neurocientista Sara Lazar, da Harvard Medical School, nos Estados Unidos.[26] Ela reparou que, quando começou a praticar a meditação, passou a lidar melhor com situações difíceis do dia a dia. A partir daí, decidiu pesquisar por que isso acontecia. Primeiro, debruçou-se sobre inúmeras pesquisas científicas e descobriu que a meditação diminui o estresse, a depressão e a ansiedade, e ainda reduz a dor e a insônia e melhora a qualidade de vida. No entanto, ela ainda queria entender o que causava todos esses benefícios e resolveu fazer a própria pesquisa neurocientífica.

Em seu estudo, detectou as mudanças provocadas no cérebro de quem meditava, como o aumento de massa cinzenta no córtex frontal, região do cérebro responsável por tomada de decisões e memória, e o espessamento do hipocampo esquerdo (ligado ao aprendizado e à regulação emocional), do TPJ[27] (envolvido na empatia) e da ponte cerebral (área em que os neurotransmissores são gerados). E mais: ela descobriu que no cérebro de quem meditava havia um encolhimento da amígdala

---

26 CURTIN, M. 50-year-olds can have the brains of 25-year-olds if they meditate, memory and decision-making research shows. **Business Insider**, 21 fev. 2020. Disponível em: https://www.businessinsider.com/neuroscience-50-year-olds-brains-of-25-year-olds-habit-2019-4?utm_source=feedly&utm_medium=webfeeds. Acesso em: 1º mar. 2022.

27 TPJ refere-se a área do cérebro chamada junção temporoparietal localizada na extremidade posterior lateral do cérebro. (N.E.)

cerebral, região associada a medo, ansiedade e agressão. Com isso, concluiu que são essas mudanças que promovem a melhoria da saúde mental dos participantes, restaurando o humor, o autocuidado, a compaixão e até a cognição moral.

Outro estudo, desta vez conduzido pela Universidade de Zurique, na Suíça, mostrou que as mudanças no cérebro provocadas pela meditação aumentam a capacidade de perceber a si mesmo de maneira mais saudável — é a autopercepção saudável.[28]

Como você vê, existem várias evidências de que a meditação é poderosa na busca do autoconhecimento. Procure meditar uma vez ao dia, todas as manhãs ou antes de dormir ou em outro período que seja ideal para você. Encontre um cantinho calmo e silencioso para meditar. Para algumas pessoas, acordar um pouco mais cedo do que as outras pessoas da casa é uma boa estratégia para ter esse momento a sós. Para outras, o melhor é se trancar no quarto. Há ainda quem prefira se refugiar em uma área externa ou até mesmo entrar neste estado de contemplação enquanto faz uma caminhada. O importante é se comprometer com o momento. Comece com cinco minutos e vá aumentando gradativamente até atingir vinte e sete minutos, tempo que a pesquisadora Sara Lazar descobriu ser suficiente para promover as tais mudanças no cérebro que eu descrevi acima.

---

28 DOLAN, E. W. Meditation training increases the ability to perceive the self in a more healthy, present-moment way. **PsyPost**, 25 jan. 2017. Disponível em: https://www.psypost.org/2017/01/meditation-training-increases-ability-perceive-self-healthy-present-moment-way-47121. Acesso em: 1º mar. 2022.

Faça desses minutos o seu momento mágico, o seu momento de reconexão.

No início, não se preocupe se não conseguir se desligar de pensamentos aleatórios como os compromissos do dia, aquele estresse do trabalho, o rendimento das crianças na escola, a festinha do fim de semana. Treinar o foco e a mente é um hábito que surgirá aos poucos. É tudo uma questão de prática. Com o tempo, você se internalizará melhor e mais profundamente.

2 QUESTIONE A SI MESMO

Faça perguntas como: "onde eu estou? Qual é a consciência real da minha vida? O que é felicidade? Eu sou feliz? Eu estou onde gostaria de estar? Onde eu quero estar daqui a dez anos? Eu priorizo o que é importante para mim? Como eu posso melhorar para fazer um mundo um pouco melhor?".

Seja o mais sincero possível nas respostas. Não tenha medo do que vai escutar. Lembre-se de que está falando consigo. Não há por que mentir. Anote as respostas em um caderno.

Se você nunca praticou a meditação, eu recomendo que você procure ajuda de algum profissional ou use um aplicativo de meditação guiada. Há vários nas lojas de aplicativos do celular, muitos deles gratuitos. Outra opção é seguir especialistas nesse tema nas redes sociais. Muitos fazem transmissões ao vivo no Instagram ou no YouTube ajudando seus seguidores a meditar. É um bom caminho para quem está iniciando.

Elas o ajudarão a se autoconhecer melhor. Eu sugiro repetir esse processo uma vez por semana e, de preferência, após o exercício de meditação. Você perceberá que as respostas mudarão enquanto estiver nesse processo de autoconhecimento.

3 CRIE METAS E MEIOS PARA ALCANÇÁ-LAS

Quando você cria metas, consegue ter um planejamento da sua vida e priorizar o que é importante para você. É como se colocasse óculos para enxergar o que está à frente. Há pessoas que não sabem nem onde estão e muito menos para onde vão. Não têm nenhuma consciência de quem são e quais são as próprias necessidades.

Você precisa saber onde está — seu ponto A — e para onde quer ir — seu ponto B. A partir daí, passa a criar as metas para ir do A ao B. Se eu estou obeso (A), preciso perder 20 quilos (B), então vou me empenhar para mudar minha alimentação e fazer mais exercícios físicos. Estou muito cansado e trabalhando muito (A), preciso tirar férias para desestressar e curtir a minha família (B), portanto vou poupar um dinheiro todos os meses para chegar lá.

Ah, Ícaro, mas eu estou feliz no meu ponto A, você pode estar pensando. Minha resposta é curta e clara: pare de se enganar, não acredite nisso, porque a estabilidade não existe. Procure sempre aprender mais, olhar para a frente para enxergar seu ponto B. Se você ficar no ponto A, não ficará parado, provavelmente regredirá para o -A. Você precisa progredir, nunca regredir.

Não é o fator externo que o modifica e, sim, *o seu interior ou a sua essência*

4 LEIA MUITO

Assim como este livro que está lendo, existem outros ótimos focados no processo de autoconhecimento. Sugiro que não pare por aqui. Quando chegar à última página deste livro, escolha outro e continue a se aperfeiçoar. Lembre-se de que a ideia é ser 1% melhor a cada dia!

Os livros são importantes combustíveis para a alma e para exercitar a sua mente em busca do seu eu. Tenha o hábito de ler todos os dias. Determine quantas páginas vai ler ou quantos minutos deixará para essa atividade. Cinco, dez, vinte minutos? Não importa. O importante é não perder o foco.

5 CUIDADO COM A AUTOSSABOTAGEM

Certa vez, o escritor britânico Neil Gaiman, reverenciado no mundo todo por obras como *Coraline*, *Deuses americanos* e quadrinhos como *Sandman*, compartilhou uma história em uma de suas redes sociais que correu o mundo. Ele contava de sua participação em um evento com artistas, escritores e cientistas. Todos do mais alto nível. E ali, no meio dessa gente toda, sentia que, a qualquer instante, todos perceberiam que ele não se qualificava para estar entre essas pessoas que realmente haviam feito grandes coisas. Ou seja, ele não se achava digno do prestígio que merecia.

Em uma das noites do evento, enquanto rolava um show musical, ele, encostado em uma parede, começou a conversar com um senhor também chamado Neil. E aí, no meio da conversa, esse senhor soltou a seguinte pérola: "Eu olho para toda essa gente e penso 'O que diabos estou fazendo aqui? Eles realizaram coisas incríveis. Eu só fui para onde me mandaram ir'". Gaiman estava conversando com Neil Armstrong, o primeiro homem a pisar na Lua. A conclusão a que chegou depois de ouvir seu xará é que, se um astronauta tão importante como ele se sente um impostor em algum momento, provavelmente, todo mundo sente o mesmo.

Talvez ali não estivessem adultos seguros de si – apenas pessoas que trabalharam duro, que tiveram sorte e estavam um pouco perdidas – todos nós fazendo nosso trabalho da melhor maneira que conseguimos, o que é tudo que nós podemos esperar.[29]

Se um dos escritores mais reconhecidos e premiados de toda uma geração e o primeiro homem a pisar na Lua sentem-se impostores, quem somos nós? A minha resposta é esta: **nós somos simples mortais como eles.** O problema é que as pessoas, sejam grandes celebridades sejam pessoas anônimas – como eu e você –, têm a tendência à autossabotagem. A isso chamamos de Síndrome do Impostor, que acontece quando a pessoa constrói em sua mente uma percepção de incompetência de

---

29 Conselho de Neil Gaiman sobre a Síndrome do Impostor, 12 maio 2017. Tumblr: Neil Gaiman. Disponível em: https://neil-gaiman.tumblr.com/post/160603396711/hi-i-read-that-youve-dealt-with-with-impostor. Acesso em: 1º mar. 2022.

si mesmo, a sensação de incapacidade ou de não ser merecedora do reconhecimento que tem. Eu também passei por isso. Até os meus 33 anos, achava que não merecia tudo o que tinha e também pensava que era incapaz de ser melhor, de crescer, mesmo que o meu desempenho e todo o meu sucesso profissional e pessoal mostrassem o contrário.

O meu conselho: afaste esses pensamentos. Concentre-se em você e no que é capaz de fazer. Quando você aprende a escutar o seu interior, consegue se reconhecer como realmente é, com suas fraquezas e com suas capacidades. Isso garantirá a autoconfiança para seguir em frente e aprender cada vez mais. Porque você é capaz. Acredite!

6 DESAPEGUE DE CÍRCULOS VICIOSOS

A vida acontece em ciclos. E essa é uma grande oportunidade de aprender e não repetir círculos viciosos. Pode ser aquele hábito de tomar chope todas as sextas-feiras e passar do limite, assistir na televisão apenas aos telejornais com notícias ruins, manter relacionamentos tóxicos, cometer traições, colocar-se na obrigação de cuidar dos pais na velhice e esquecer a própria vida. Os ciclos que fazem mal são diversos, mas uma coisa é certa: é preciso se afastar deles ou, como eu gosto de dizer, quebrá-los.

Para ficar mais claro, imagine uma pessoa que prospera na vida, se apaixona, compra casa própria e realiza o casamento dos sonhos. Pouco tempo depois, comete uma traição, e seu relacionamento acaba. Essa pessoa precisa sair de casa, abandonar a família que construiu, o patrimônio precisa ser dividido. Ela retrocede na sua vida e precisa começar tudo de novo. Aí se apaixona de novo, casa, constitui uma nova família e, mais uma vez, comete uma traição. A história se repete. Ela prejudica a família, as pessoas envolvidas, seu lado financeiro e tudo que é relacionado a essa relação. Esse é um círculo vicioso. Até que ele seja quebrado, continuará a empurrar a vida dessa pessoa para trás e causar mal às pessoas ao seu redor.

Enquanto você estiver envolvido nesses ciclos, não conseguirá se autoconhecer. No momento em que se entender, se conectar com o seu eu, conseguirá desapegar desses problemas e estará livre para internalizar ainda mais as suas emoções e pensamentos.

Coloquei aqui seis atividades que podem ajudá-lo nesse processo de autoconhecimento. Se puder seguir todas, ótimo. Se conseguir seguir algumas, está bom também. Mas, se você tem outras maneiras de se conhecer, vá em frente, invista nelas. O importante é buscar todas as fontes possíveis. Podem ser as que citei, podem ser outras, como cursos de autoconhecimento, imersões, terapia, contato com pessoas queridas, enfim, o importante é não ter medo desse mergulho profundo no seu eu. **Aproveite, é a sua chance de tirar de você mesmo a sua melhor versão.**

5

O OBJETIVO PRINCIPAL DA SUA VIDA:

você

Quando você precisa arrumar a sua casa, sempre começa pelo lado de dentro. Cômodo por cômodo, armário por armário, gaveta por gaveta. Somente depois de deixar tudo em ordem e se sentir confortável ali, é que parte para arrumar o exterior da casa.

Imagine que a casa é a sua vida. Primeiro você precisa organizar a bagunça interior que o acometeu durante tanto tempo para depois materializar essa mudança no exterior. Por isso, primeiro eu ensinei o que é o autoconhecimento e como se autoconhecer. Essa é a sua parte interna, sua essência. Agora que você já está se conhecendo e ganhou mais forças para alcançar a sua melhor performance, chegou a hora de materializar a busca por si, tornando-se a sua prioridade número um.

Não se engane achando que vai acordar um belo dia, com um sol lindo brilhando lá fora, e vai encontrar a maneira correta de ser o próprio objetivo de vida. Isso não é fácil, é um caminho que precisa ser construído. Nada acontece de uma hora para outra. Tudo na vida leva um tempo para acontecer, e priorizar-se não é uma exceção. Mas, neste livro, eu estou mostrando uma a uma as etapas para você conseguir. Primeiro, eu o desafiei a se autoconhecer. Agora, vou mostrar como se enxergar como uma pessoa empoderada vai ajudá-lo nesse caminho rumo a sua melhor performance.

Não adianta achar que, se seguir uma ou outra etapa, conseguirá alcançar o objetivo final. Não pule nenhuma delas. Alguns momentos serão, sim, mais dolorosos, mas são tão necessários quanto aqueles mais agradáveis.

Isso me lembra o filme *Click*, no qual o protagonista, interpretado por Adam Sandler, ganha um controle remoto que tem o poder de acelerar a sua vida. Assim, ao se deparar com um episódio que considera tedioso ou que o incomoda de alguma forma, ele pula essa etapa e vai para a próxima, da mesma maneira como fazemos quando estamos assistindo a um filme e queremos passar logo aquela cena desinteressante. O problema é que o personagem pula tantas etapas da sua vida que perde momentos preciosos e, quando se dá conta, não há como voltar.

O filme mostra a importância de viver cada momento da nossa vida, por mais desagradáveis que possam parecer, todos têm sua importância. Por isso, repito, não adianta seguir em frente sem se autoconhecer. Sei que não é fácil, porque o autoconhecimento é um processo seu consigo. Ninguém vê a transformação interna acontecendo, é intangível. Contudo, você sente.

A SUA AUTOIMAGEM

Depois que você se autoconhece, a próxima etapa é criar a sua autoimagem. O que isso significa? Autoimagem é a imagem que você tem de si. E não tem a ver somente com a sua aparência física e, sim, com a maneira como você se enxerga diante de suas qualidades, suas imperfeições, suas fraquezas, sua capacidade de realização. Quando uma pessoa tem uma imagem positiva de si, torna-se mais confiante, mais empoderada das suas escolhas e vontades, tem uma autoestima elevada e se enxerga na sua melhor versão.

A autoimagem, no entanto, não vem de fora para dentro, não é uma característica que você espera que as pessoas atribuam a você. Pelo contrário, a autoimagem é você mesmo quem cria. No livro *Desbloqueie o poder da sua mente*, o autor Michael Arruda fala que, quando somos crianças, temos metas e desejos, mas, com o passar do tempo, encontramos grades que nos limitam de ser quem queremos ou de viver felizes. Essas grades, segundo ele, estão na nossa mente. "Ela nos vigia e diz o que é permitido ou não, o que sentimos ou deixamos de sentir, o que vivemos ou deixamos de viver."[30]

---

30 ARRUDA, M. **Desbloqueie o poder da sua mente**: programe o seu subconsciente para se libertar das dores e inseguranças e transforme sua vida. São Paulo: Editora Gente, 2018. p. 21.

Quando uma pessoa tem uma imagem positiva de si, torna-se *mais confiante*

Você já deve ter caído em algumas ciladas, como achar sempre que o vizinho é melhor do que você; se sentir pouco valorizado no trabalho, mas acreditar que não tem capacidade para oferecer mais à empresa e deixar a situação como está; prender-se a um casamento que não o faz feliz porque é o que a vida tem a oferecer. A minha resposta para todas essas situações é um sonoro *NÃO!* Você não é assim! As grades da sua mente estão tão fortemente fechadas que se torna mais fácil acreditar na verdade que você mesmo criou durante todos esses anos do que encarar os problemas.

O que você precisa é se livrar dessas grades que estão na sua mente. Trazer de volta a autoconfiança da infância que ficou esquecida lá atrás. Ao criar a sua autoimagem, você, aos poucos, abre caminho para acreditar mais em você e buscar ser cada vez melhor. A mente é poderosa. Pense nas grandes realizações do mundo. Desde a descoberta da penicilina por Alexander Fleming, passando pela criação dos meios de comunicação, como telefone, rádio e TV, até o computador que você usa hoje, sem contar as descobertas mais incríveis da ciência, como o DNA, o projeto Genoma, e assim por diante, todas elas, um dia, existiram apenas na cabeça de quem as fantasiou. Ou seja, primeiro, passaram pela mente e, depois, tornaram-se realidade e ajudaram, de uma forma ou de outra, a mudar o mundo em que nós vivemos hoje.

Veja só o potencial da mente. Então, por que você desperdiçaria esse poder? Por que não acredita que você é o melhor no que faz? Por que deixar essas grades fechadas para sempre e viver uma vida de angústia?

PRATIQUE A VISUALIZAÇÃO

Se as grades que o impedem de se colocar como o melhor naquilo que faz ou de se priorizar para buscar a sua felicidade estão na mente, então é por ela que devemos começar a trabalhar. Para isso, eu proponho que você pratique a visualização. Pense no que gostaria de ser, nas suas qualidades e em como quer que as pessoas o vejam. Eu, por exemplo, repito todos os dias para mim mesmo que sou o melhor médico na minha especialidade. Acredite: não é prepotência, mas autoafirmação. Eu sou aquilo que eu quero ser e o melhor no que me proponho a fazer.

Muitas pessoas não acreditam no poder da visualização. Entretanto, assim como fizeram os grandes criadores que mencionei acima, a sua melhor versão também começa na sua mente para depois se materializar. Se você acha que é a pessoa mais inteligente do mundo, por exemplo, e fixa essa autoimagem dentro de si, de uma forma ou de outra, materializará isso para o mundo externo. Se você acha que é a melhor pessoa na profissão que escolheu, o mundo também acreditará. Porque as pessoas valorizam quem se valoriza.

Ao criar uma autoimagem positiva e de acordo com a sua melhor performance, desencadeará uma série de coisas boas na sua vida. É a famosa lei da atração: quando a mente e o universo estão conectados por meio da força dos pensamentos, emitem ondas de energia que repelem ou atraem determinadas vibrações.[31] Portanto, bons pensamentos atraem bons pensamentos. Já se você se enxerga incapaz, inferiorizando-se em vários aspectos, o universo mandará o mesmo para a sua vida.

Eu sei que não é isso o que você quer. Você já assumiu o compromisso de se priorizar, portanto, visualize o que quer para a sua vida e o que quer para o dia de hoje ou o de amanhã. Quando você visualiza, antecipa os fatos e manda para o universo aquilo que quer que aconteça. Eu, por exemplo, antes de qualquer cirurgia que vou comandar, visualizo todo o procedimento sendo realizado. Em meu pensamento, eu vejo o paciente, vejo o centro cirúrgico, os colegas de profissão que me auxiliam, mentalizo os instrumentos usados e cada detalhe da cirurgia. Assim, entro consciente do que vou fazer e confiante na minha habilidade. Consequência: o tempo cirúrgico diminui, e o resultado é melhor.

Quer outro exemplo? Durante uma competição, os nadadores olímpicos visualizam aonde querem chegar (o outro lado da raia) e onde estão a cada braçada. Assim, antecipam os fatos e o corpo já se projeta de maneira diferente, porque já sabe o trajeto que tem à frente e como deve performar para tirar o melhor proveito da situação.[32]

---

31 TERRA. Lei da atração: 9 passos para você usar o poder da mente. Disponível em: https://www.terra.com.br/vida-e-estilo/horoscopo/lei-da-atracao-9-passos-para-voce-usar-o-poder-da-mente,5ae28da04e08797b687d234783b3c67cx24vd74n.html. Acesso em: 1º mar. 2022.

32 SHINYASHIKI, R. *Op. cit.*

Assim, você também pode chegar à sua melhor performance praticando a visualização. Ao acordar, imagine o seu dia. Pode ser: "Vou levar meu filho à escola, depois vou treinar, resolver minhas funções e ganhar 10 mil reais no mês". Ou pode ser algo do tipo: "Vou chegar na empresa, falar bom-dia para todos com um sorriso no rosto, sentar à minha mesa e terminar o melhor relatório que já fiz na vida e serei valorizado pelo meu esforço". Ou, se preferir, pode jogar para o universo algo para a sua vida de maneira geral: "Eu sou o melhor profissional na carreira que escolhi, eu sou muito inteligente, eu me amo e me priorizo". Em todas as situações, você visualizou uma situação e antecipou os fatos.

> Você perceberá que, ao fazer isso, ganhará confiança que se reverterá em bons resultados. Se eles serão 100%? Isso eu não posso lhe dizer, mas alguma coisa dentro dessa visualização acontecerá. Ah, isso, sim, eu posso afirmar. Sou prova da importância da visualização.

Torne a visualização um hábito

Assim como qualquer outro hábito, a visualização deve ser treinada para ser incorporada na sua rotina. No começo, é comum se esquecer de fazê-la um dia ou outro. Contudo, a ideia é que, com o tempo, ela se torne um ritual diário, que pode ser feito todas as manhãs ou todas as noites (visualizando o dia seguinte). Para ajudá-lo, vou dar algumas dicas simples,

A visualização deve ser treinada para ser incorporada na sua rotina

ligadas à importância de sempre se conectar consigo para alcançar sua melhor performance. Vamos lá!

Tenha uma hora por dia para si

Não vale usar esse tempo para adiantar o serviço da casa, não vale responder aos e-mails do trabalho, não vale ficar olhando as redes sociais nem lendo as mensagens do grupo dos amigos no WhatsApp. A ideia é se reconectar com você. Nesse período, você pode fazer uma oração ou meditar, por exemplo, fazer trinta minutos de algum exercício físico e ler cinco páginas de um livro. Ou ainda reservar uns minutos para não fazer nada – dez minutos são suficientes. Depois de seguir esse ritual, você estará mais consciente do seu eu e poderá fazer a visualização do seu dia.

Eu tenho meu ritual que sigo todas as manhãs (vou falar mais sobre ele no **capítulo 7**) e sinto que, ao fazê-lo, meu dia se torna espetacular. Eu me concentro em mim, visualizo o meu dia e me fortaleço para encarar as tarefas. Esse momento é tão importante que chego a sentir um alívio. Eu prefiro até ficar sem dormir ou dormir um pouco menos, mas nunca fico sem me concentrar em mim e na visualização do meu dia.

Tenha um corpo saudável

Ter um corpo saudável não significa ficar horas na academia para ganhar curvas perfeitas ou ter um abdome definido, mas sim praticar uma atividade física visando ao bem maior que é a sua saúde. É claro que você pode, sim, ter o corpo trincando se esse for o seu objetivo, no entanto, o que eu quero dizer é que, mais importante do que isso, é focar a saúde.

O fato de se exercitar de três a quatro vezes por semana já diminui o risco de doenças cardíacas, melhora a circulação sanguínea, fortalece o sistema imunológico e os ossos. Somado a isso, ainda tem a liberação de endorfinas, serotonina e dopamina, substâncias que fornecem a sensação de bem-estar ao terminar o treino e causam efeito prolongado, dando mais energia ao seu dia, melhorando o seu humor e reduzindo o sinal de cansaço.

É o momento perfeito para você criar a sua autoimagem e gritar ao mundo: "eu sou sensacional, eu posso fazer tudo o que eu quero, eu consigo tudo o que desejo!".

Mantenha a autoestima em alta

Quando você cuida de si, dos seus pensamentos e das suas atitudes, melhora a sua autoestima e, consequentemente, fica mais confiante para realizar todas as tarefas do dia.[33] Aquelas mesmas que você visualizou quando acordou. Além disso, considera-se merecedor do respeito das outras pessoas e se sente mais aberto a aprendizados que podem ajudá-lo a adquirir novas habilidades.

Há vários fatores que podem influenciar na sua autoestima ao longo da vida, como seus pensamentos, as percepções das pessoas em relação a você, as experiências acumuladas em sua vida; sua faixa etária, a mídia e até mesmo problemas de saúde que o acometeram em algum momento. Mas, sem dúvida

---

33 FEIX, G. 10 dicas poderosas para aumentar a autoestima. **Claudia**, 21 jan. 2020. Disponível em: https://claudia.abril.com.br/saude/10-dicas-poderosas-para-aumentar-a-autoestima/. Acesso em: 1º mar. 2022.

Mantenha a *autoestima* em alta

nenhuma, de todos esses fatores, o que tem maior peso são seus pensamentos. A boa notícia é que essa parte está sob seu controle. Se você se concentra em suas qualidades e pontos fortes, tende a desenvolver uma visão mais equilibrada e precisa de si. Já se você se concentra nas suas fraquezas ou falhas, a reação é contrária. Por isso, é preciso trabalhar para mudar essa visão.

Segundo um artigo publicado pelo Mayo Clinic,[34] importante centro de saúde norte-americano, com uma autoestima saudável, você:

→ é mais assertivo ao expressar suas necessidades e opiniões;
→ é confiante na sua capacidade de tomar decisões;
→ é capaz de formar relacionamentos seguros e afastar aqueles que são prejudiciais;
→ é menos propenso a criticar a si mesmo e aos outros;
→ é mais resiliente e mais forte em relação às situações de estresse;
→ respeita-se mais, mesmo com suas fragilidades e erros.

Portanto, cultive o hábito de ser sempre o número um na sua vida. Acredite no seu potencial e não considere os erros como o fim da linha, mas como uma etapa para você se autoconhecer e criar a melhor imagem de si mesmo.

Quando você está bem consigo mesmo, vira uma fortaleza impossível de ser derrubada. É assim que eu espero que você se sinta. Acredite, você consegue!

---

34 SELF-ESTEEM check: too low or just right? **Mayo Clinic**, 14 jul. 2020. Disponível em: https://www.mayoclinic.org/healthy-lifestyle/adult-health/in-depth/self-esteem/art-20047976. Acesso em: 1º mar. 2022.

6

O PODER DAS PALAVRAS E DA
gratidão

T udo na vida parte de um planejamento. Repare só. Quando você foi para a escola pela primeira vez, sua família se organizou para esse momento. Quando você escolheu a faculdade que ia fazer, precisou planejar para começar esse novo desafio. O mesmo ocorre quando você vai se casar, quando decide ter filhos e até mesmo quando você vai fazer um passeio no parque no fim de semana. Você precisa planejar como chegar, o que levar, o que vai fazer lá, se há uma previsão de horário para ir e para voltar. Veja que eu não estou falando de um superplanejamento prévio e muito menos daquele planejamento perfeito, mas de um planejamento mínimo, aquele que você faz sem nem mesmo perceber, porém tão necessário para que a vida ande.

E, se na vida tudo parte de um planejamento, a sua atitude de se colocar em primeiro lugar também precisa de um. Mas, diferentemente desse planejamento sem intenção, ele deve ser intencional, forte, pensado tão somente para o seu bem. Planeje de modo que você se comprometa a não desistir.

 A melhor maneira de se comprometer com algo é criando as estratégias concretas que o prendem a determinada promessa. Eu, por exemplo, gosto de escrever. Tenho dois cadernos que são quase meus diários e me acompanham aonde quer que eu vá. O ato de escrever é muito poderoso, porque você mentaliza o que quer colocar em prática. Eu vou escrevendo, escrevendo, escrevendo. Aliás, foi escrevendo que cheguei ao conceito de egoísmo ecológico que ensino aqui, e boa parte deste livro nasceu dessas minhas anotações.

As palavras têm um poder extraordinário, são capazes de motivar, aproximar, encantar, emocionar, amar. No entanto, da mesma maneira que podem trazer tantas coisas positivas, também podem influenciar para o mal, quando magoam, afastam, derrubam, inferiorizam, por exemplo. Foi isso o que o fotógrafo japonês Masaru Emoto tentou provar em um experimento que pretendia evidenciar o poder positivo e negativo das palavras sobre o nosso cotidiano. Segundo a ideia dele, cada pensamento do ser humano gera uma emoção e uma reação. Acreditando nisso, ele congelou água em frascos de vidro com palavras escritas voltadas para o líquido. Depois, fotografou os cristais formados sob a influência das palavras, negativas e positivas. Resultado: os cristais mais belos se formaram nos frascos que receberam as palavras de amor e gratidão, enquanto os que ficaram com as palavras de ódio e rancor se formaram completamente distorcidos.

Ainda que haja uma grande polêmica no mundo científico questionando a metodologia científica usada nesse experimento, sua ideia rendeu frutos. Aqui no Brasil, uma professora de uma escola de Curitiba (PR) se inspirou no experimento japonês e, com os alunos, fez o mesmo teste usando dois frascos com arroz cozido[35]. Em um, as crianças falaram coisas positivas que ouvem todos os dias. No outro, falaram o que ouvem de negativo. Os potes foram fechados, e, dois meses depois, o pote positivo havia fermentado naturalmente. Já no outro, os grãos haviam embolorado.

Evidentemente, não tenho a mínima intenção de dar um valor científico para ambos os experimentos, mas, de qualquer maneira, eles mostram algo interessante: a intenção que colocamos em alguma ação modifica o seu resultado. Se você falar ou escrever palavras de motivação logo no início do dia, isso modificará a maneira de encará-lo. Da mesma maneira que, se escrever que você é o melhor em tudo, como

---

35 FONSECA, A. Experiência com palavras de amor e ódio muda forma de arroz em escola do Paraná. **Paraná RPC**, 31 maio 2017. Disponível em: https://g1.globo.com/pr/parana/noticia/palavras-de-amor-e-odio-fazem-parte-de-experiencia-e-mudam-forma-de-arroz-em-escola-do-parana.ghtml. Acesso em: 5 dez. 2021.

Planeje de modo que você se comprometa a *não desistir*

O poder das palavras e da gratidão

falamos no capítulo anterior, moldará a sua autoimagem e elevará a sua autoestima.

No livro *Blink*,[36] Malcolm Gladwell descreve um teste realizado pelo psicólogo John Bargh na Universidade de Nova York com alguns alunos. Bargh deu a cada aluno um teste de formação de frases. O que ninguém sabia é que havia duas provas diferentes. A primeira continha palavras como "agressivamente", "ousado", "rude", "incomodar", "perturbar", "intrometer-se" e "infringir". Na segunda, havia "respeito", "apreciar", "pacientemente", "render", "educado" e "gentil". Depois de formarem as frases com as palavras que receberam, os estudantes foram instruídos a seguir por um corredor e entrar em outra sala para receber novas instruções. É claro que era tudo parte de um teatro. O psicólogo orientou um profissional a se posicionar na porta da sala conversando com um colega que bloqueava a passagem. O objetivo era descobrir se as pessoas preparadas com as palavras positivas levariam mais tempo para interromper a conversa do que aquelas que tiveram contato com as palavras negativas.

Segundo o estudo, o grupo que formou frases com palavras negativas interrompeu a conversa após cinco minutos. Já 82% das pessoas preparadas para serem gentis, ou seja, que formaram frases positivas, nem interromperam a conversa. Ficaram esperando pacientemente por dez minutos até que o próprio profissional encerrasse a conversa e desbloqueasse a passagem. Bargh ficou se perguntando até

---

36 GLADWELL, M. **Blink**: a decisão num piscar de olhos. Rio de Janeiro: Sextante, 2016.

quando esses jovens esperariam para serem atendidos.

O que aconteceu é que, de maneira inconsciente, as palavras afetaram o comportamento dos estudantes fazendo o cérebro se adaptar ao estímulo que recebera minutos antes. Quem recebeu estímulos positivos foi mais paciente. Quem recebeu estímulos negativos não se importou em interromper a conversa das duas pessoas à porta depois de alguns minutos.

> **Bom, eu falei tudo isso para mostrar que você não pode desperdiçar esse poder que as palavras positivas têm em sua vida e deve começar já a anotar tudo o que deseja. A estratégia de escrever vai ajudá-lo a atingir seu objetivo de ser o número um de sua vida. Pode acreditar!**

Para ajudá-lo nesse processo, eu vou propor um exercício prático e simples. Pegue um caderno e deixe ao lado da sua cama. Ele deve ser exclusivo para esse fim. Evite pegar aquele em que está anotada a receita do assado do fim de semana, as contas do mês para pagar ou os desenhos dos filhos. Tudo isso faz parte do seu cotidiano e, se são anotações importantes, não devem ser descartadas jamais. Deixe esse caderno já rabiscado para continuar sendo usado pela casa. E para um encontro seu consigo mesmo, comece com um caderno só seu.

Antes de dormir, escreva o que aconteceu de positivo no seu dia e o que não foi tão legal e você quer evitar que aconteça de novo. Também escreva o que você pode fazer para que essas coisas negativas sejam evitadas. Na sequência, escreva as principais tarefas do dia seguinte e visualize-as. Seja bem realista. Não adianta criar uma agenda mirabolante, cheia de atividades que não se encaixam nas cerca de dezesseis ou dezoito horas do seu dia. Mais uma vez, aproveite a oportunidade para praticar a priorização. Eu, por exemplo, priorizo a mim, minha saúde, minha família e minha profissão. Então, nessa lista de tarefas, entra o meu treino, o almoço em casa, a minha agenda de trabalho, o término do horário de expediente às 6 horas da tarde e o tempo dedicado exclusivamente aos meus filhos. Para mim, isso é o básico. Pense também no que é prioritário para você e coloque na sua agenda. O que não for prioritário deixe em segundo plano e só coloque na agenda se, de fato, houver espaço para isso.

Faça essas anotações todos os dias durante, no mínimo, dois meses, inclusive aos sábados, domingos e feriados. Tenha em mente que seu dia começa na noite anterior. Ao fim desses sessenta dias, você reparará três coisas:

1. Você nunca mais vai deixar de escrever esse diário da sua vida. Isso se tornará um hábito de que você sentirá falta quando, por alguma razão, não conseguir fazer. Provavelmente, vai querer fazê-lo na manhã seguinte, assim que acordar.

2. Você lidará melhor com seus sentimentos e entenderá a importância do egoísmo ecológico, pois, ao escrever, conseguirá trabalhar de maneira mais adequada suas emoções diárias. Vai identificar, por exemplo, o que lhe faz bem e o que lhe faz mal, e como agir para

que o que lhe faz mal não aconteça mais. É bem provável que, nesse momento, perceba que se colocar em primeiro lugar não é esquecer quem está ao seu redor, mas estar bem para poder conviver harmoniosamente com todas as pessoas.

3. Você se tornará um realizador porque conseguirá executar as tarefas planejadas com antecedência. Com metas claras a serem cumpridas ao longo do dia, não vai mais procrastinar ou ficar batendo cabeça pensando em tudo o que precisa fazer.

Você pode estar pensando agora: *mas eu já faço esse levantamento da minha vida ao me deitar. Penso em tudo o que fiz e no que preciso fazer no dia seguinte.* E, por experiência própria, eu digo para você escrever. No papel, as palavras e os pensamentos ganham mais força e se tornam perpétuos. Você sempre poderá voltar alguns dias ou meses e reavaliar o que você está sentindo ou fazendo. E tirar o saldo disso tudo. Afinal, essa trajetória também faz parte do processo do encontro com o seu amor-próprio. Além disso, ao escrever, você se organiza melhor e se compromete com cada ação que está naquele papel. Que tal começar esta noite?

A ARTE DA GRATIDÃO DIÁRIA

Outra estratégia que o ajudará a se comprometer com a busca por sua melhor versão é praticar a gratidão. Há cerca de sete anos, eu aprendi a técnica de ser grato, e ela é transformadora. Ser grato pelo que você é, às pessoas ao seu redor,

No papel, as palavras e os pensamentos ganham mais força e se tornam perpétuos às atividades do seu dia não é ser fora da realidade, e, sim, tornar-se um realista-otimista, aquele que tem consciência dos fatos, é realista perante as situações e concentra-se no que pode acontecer de melhor. Não é ser o bobo da corte à espera de que tudo dê certo, mas fazer a sua parte e reconhecer a importância da sua trajetória e das pessoas que, de alguma maneira, participaram dela.

Muitas vezes, passamos a vida sem enxergar os benefícios e as possibilidades oferecidas por nos compararmos aos outros e deixarmos de lado a nossa história e o que nos trouxe até aqui. Você é resultado das suas escolhas, mas também de um universo que conspira para tudo acontecer, desde a seleção da família que o trouxe ao mundo até as influências que você tem ao longo da vida. E, independentemente do que você recebe, você precisa ser grato às suas origens.

De acordo com a Teoria dos Óvulos, descrita pelo autor Rolf Dobelli em *Como pensar e viver melhor*,[37] todos nós recebemos influências, desde antes do nosso nascimento, que nos moldam para o resto da nossa vida. É a mistura de genes – dos

---

[37] DOBELLI, R. *Op. cit.*

seus pais e, antes disso, dos seus avós e, antes disso, dos bisa-vós —, segundo o autor, somos a mistura casual de cerca de 4 mil pessoas que viviam desde a época de Luís XIV, no século XVII, e que resultam no que você é hoje. Portanto, não adianta achar que o seu sucesso é oriundo 100% do seu esforço, das horas e horas de trabalho e estudo e da sua vontade. Com certeza seu esforço conta, mas ele é apenas uma parte. A outra parte se deve aos seus genes e ao ambiente em que foi criado. Ou seja, aspectos dos quais você não tem o mínimo controle.

Quando você analisa a sua atual situação de vida com base nessa teoria, consegue entender quanto precisa ser grato aos seus antepassados por tudo o que conquistou ao longo da vida. Porque mesmo que seja bem-sucedido, você não "mereceu" o seu sucesso, segundo Rolf Dobelli. "Lembre-se todos os dias de que tudo o que você é, o que possui e o que sabe são o resultado de mera coincidência. E o único sentimento cabível aos que foram eleitos pela sorte [...] é a gratidão."[38]

Estudando esse assunto, deparei-me com outro pensamento com o qual me identifiquei muito. Posso dizer que sou, inclusive, um exemplo do que o autor Malcolm Gladwell diz em sua obra *Fora de série – Outliers*.[39] Para esclarecer, primeiro explicarei o que Gladwell diz e depois contarei a minha história.

Segundo o autor, as pessoas mais bem-sucedidas, pessoal ou profissionalmente, não são as mais brilhantes do planeta,

---

38 DOBELLI, R. *Op. cit.* p. 42.

39 GLADWELL, M. **Fora de série – *Outliers***: descubra por que algumas pessoas têm sucesso e outras não. Rio de Janeiro: Sextante, 2011. p. 264.

Você é resultado das suas escolhas, mas também de

um universo que conspira para tudo acontecer

O poder das palavras e da gratidão

e o sucesso não é uma reação às boas decisões e aos esforços individuais, mas uma dádiva recebida por aqueles que nasceram na época certa, com os pais certos, na etnia certa e que tiveram as oportunidades certas e souberam agarrá-las. É o que chamamos de estar na hora certa, no lugar certo e com as pessoas certas. Segundo o autor, o sucesso das pessoas consideradas fora de série "não é excepcional, nem misterioso. Baseia-se em uma rede de vantagens e heranças, algumas merecidas; outras, não; algumas conquistadas, outras obtidas por pura sorte, todas, porém, cruciais para torná-los o que são. O *outlier*, no fim das contas, não está tão à margem assim". Ser honesto e grato às nossas origens é um dos exercícios mais difíceis que precisamos encarar ao longo da vida. É mais fácil pensarmos no êxito como uma conquista pessoal do que como resultado da nossa trajetória.

Antes de continuar e contar a minha história, quero deixar uma nota pessoal: isso não quer dizer que você não tenha mérito por tudo que conquistou, ok? Sim, você tem méritos e se esforçou muito para conseguir alcançar o seu sucesso pessoal. O que eu quis mostrar com a Teoria dos Óvulos e com o pensamento de *Outliers* é que a sua origem e as oportunidades que teve ao longo da vida, quaisquer que sejam elas, também contribuem para que você alcance os seus objetivos. E, por isso, você tem que ser grato!

Dito isso, vou contar a minha história pessoal para exemplificar essas teorias. Minha tataravó era uma colona alemã imigrante, de olhos verdes e sem posses, recém-chegada ao interior do Rio Grande do Sul. Mal conhecia a pele negra e se apaixonou por um ex-escravizado que havia conquistado sua liberdade. Essa associação não era bem-vista na época e gerou algumas complicações com a família de ambos. Da união dos dois, nasceu a minha bisavó que, bem jovem, foi trabalhar em uma fazenda próxima de onde viviam. Aos 13 anos, foi violentada pelo chefe da casa, um senhor de posses, e, dessa relação não consensual, nasceu a minha avó Maria. Então, a esposa do fazendeiro, ao descobrir o caso, quis matar a minha bisavó, julgando-a culpada por seduzir seu marido. Sem saber para onde ir, minha bisavó buscou ajuda em outra fazenda, deixando a sua filha Maria para ser criada por um casal ainda sem filhos, e depois fugiu do local, afastando-se da ameaça de morte que sofrera.

Apesar de ser considerada filha do casal, a posição de minha avó era de serviçal da casa, onde fazia de tudo, inclusive cuidar, com apenas 10 anos, dos quatro filhos biológicos — seus irmãos de criação — que o casal teve com o passar do tempo. Principalmente depois de a mãe adotiva, devido a um problema conjugal, ir embora, deixando as crianças com o pai.

Assim ela viveu até os 18 anos, quando o fazendeiro que a adotou a deu em casamento ao meu avô, o senhor Almiro. Em troca, o noivo recebeu uma chácara, que hoje seria uma fazenda dado o tamanho da terra. Juntos, tiveram cinco filhos e foram felizes durante anos, mas Almiro não tinha apego a nada, bebia muito e gostava de jogar, e assim perdeu aos poucos tudo o que já havia conquistado, inclusive a fazenda herdada no casamento.

Minha avó Maria, devido à grande generosidade de seu pai adotivo, recebeu mais um pedaço de terra. Porém, pouco tempo depois, meu avô perdeu tudo novamente e foi embora, deixando-a com os filhos. Mesmo com esse comportamento, meu avô sempre foi muito enaltecido pelos filhos e até pela minha avó, que o considerava um homem de bom coração.

Em meio a essa situação, que já era complicada, minha avó contraiu tuberculose e precisou ser internada. Sozinha, não teve alternativa e espalhou seus filhos para serem criados pelos parentes enquanto estava em tratamento.

Foram seis meses de cuidados intensos e longe das crianças, mas, curada, resgatou os três filhos mais velhos e foi em busca dos dois mais novos, que tinham ficado com uma tia paterna, um com 3 anos e o outro, meu pai, Dalmir, o caçula, com 2. Essa tia, porém, só quis entregar o maior, e não meu pai, muito engraçadinho. Minha avó teve de ir à Justiça para resgatá-lo. Enfim, conseguiu unir a família e contou com a felicidade do destino. Seu cunhado leu em um jornal que uma tal de Natália procurava sua filha Maria. Era a minha bisavó, que a deixara com os fazendeiros para preservar a vida de ambas e que agora procurava por sua filha.

Assim, após muitos anos, mãe e filha se reuniram. Minha avó Maria, com seus cinco filhos, foi morar em Porto Alegre, cidade até então desconhecida para ela, para viver uma nova vida. Mesmo sem cultura, criou seus filhos com muita sabedoria e nunca permitiu que parassem de estudar. Também conseguiu um emprego e, muitos anos depois, se aposentou como enfermeira do Hospital Psiquiátrico São Pedro.

Assim, eu sou o produto de toda essa trajetória da minha família, desde a minha tataravó, passando pela minha bisavó, pela minha avó e pelo meu pai. Uma parte do que sou deve-se a essa linha que eu tracei. Imagino que, se nós não tivéssemos tido a oportunidade de mudar para Porto Alegre e começar uma nova vida, tudo seria diferente pelas circunstâncias que eu descrevi. Ou, se meu avô não tivesse perdido tudo e tivesse continuado ao lado da minha avó, minha vida teria dado outras voltas, e eu nunca chegaria onde estou, mas o universo criou situações que me beneficiaram de alguma maneira.

Como você viu na minha história – e na sua história também, pode ter certeza –, as dádivas da sua família chegam de um modo de que você não tem controle, e você precisa ser grato a isso.

Creio que agora você entendeu como é importante e libertador aplicar a gratidão todos os dias, entretanto, ainda resta aprender a colocar isso em prática. Pois vou lhe ensinar da maneira mais sarcástica que eu consigo. Eu sei que esse exercício é um pouco assustador, mas eu prefiro que você se depare com esse choque, pois o aprendizado tende a ser mais rápido. Vamos lá: você já parou para pensar em si mesmo sofrendo um acidente e perdendo um braço? Se não, tente pensar agora. Ok, vamos à segunda parte. Imagine o mesmo acidente, só que dessa vez, além do braço, você perde também uma perna. Mais: você tem uma lesão grave e passa a usar cadeira de rodas. Pense como seria a sua vida nessa situação. Imaginou? O que sentiu?

Agora volte ao presente e pense quão extraordinária é a vida que você leva. Talvez você nunca tenha se dado conta disso.

É importante e libertador aplicar a gratidão

todos os dias

Agradeça aos seus antepassados pela vida que tem hoje, agradeça ao universo, agradeça aos santos de sua devoção, agradeça, agradeça, agradeça.

Assim como você deve escrever todos os dias no seu caderninho tudo o que aconteceu de bom e de não tão bom assim na sua vida, eu sugiro que você agradeça. É um exercício diário que o fará mais consciente de quem você é, do que quer se tornar e do caminho que está percorrendo para chegar à sua melhor performance.

Você está dando mais um passo rumo à aventura de se amar. Veja que o que aprendeu mostra quão importante é olhar para si e para a trajetória da sua vida sem medo de encarar a verdade. Até aqui, você se autoconheceu, se colocou como objetivo principal da sua vida, criou uma autoimagem empoderada e agora aprendeu a usar o poder das palavras e da gratidão. No próximo capítulo, aprenderá a incorporar tudo isso à sua rotina. Vamos lá. Ainda temos muito o que conversar!

7

ROTINA
do bem

Antes de começar esta nova etapa, quero que descreva como começa o seu dia. Você consegue se levantar calmamente da cama, planejar seus compromissos, dedicar alguns minutos para meditar ou fazer uma oração? Ou você é do tipo que sempre levanta atrasado, mal consegue se espreguiçar e, antes mesmo de escovar os dentes e tirar o pijama, já pega o celular para ver as mensagens que chegaram no WhatsApp, os e-mails do trabalho e ainda dá uma voltinha pelas redes sociais? De repente, lembra-se da reunião que tem marcada para dali a dez minutos. Então corre para o banheiro, escova os dentes, lava o rosto, coloca uma roupa qualquer e liga o computador para começar a reunião. Veja bem que, nessa correria, até o café da manhã foi esquecido.

Posso até parecer exagerado, mas tenho certeza de que você já passou por isso. Essa situação não é um problema quando acontece de vez em quando. O caos se instala quando vira a sua rotina. E isso não é difícil de acontecer, a julgar pelos hábitos das pessoas ao acordar. Em um levantamento feito por uma empresa especializada em comportamento do consumidor, 50% dos brasileiros declararam que o momento em que mais usam o celular é na cama, ao acordar.[40] E não é só: outra pesquisa mostrou que 50% das pessoas tomam o café da manhã em quinze minutos e 25% das pessoas usam apenas cinco minutos para esse fim.[41] Para concluir, o brasileiro dedica apenas três horas por semana para realizar alguma atividade física, um dos piores índices do mundo — a média global é de seis horas por semana e, nos Países Baixos, chega a doze horas — e o motivo recorrente alegado é a falta de tempo.[42] Pois é, parece que a correria já está enraizada na sociedade.

O problema é que essa correria não o privilegia em nada. Só traz mais estresse para o seu dia, que já começa atrapalhado e tende a continuar assim. Sei que uma parte das pessoas que está lendo este livro vai dizer que sempre foi assim e que gosta de viver nesse ritmo meio maluco. Será mesmo?

Eu vejo essa situação de outra maneira. Não é que você gosta dessa rotina. O que aconteceu é que, depois de tanto tempo

---

40 PESQUISA revela hábitos dos brasileiros em relação ao celular. **IstoÉ Dinheiro**, 20 dez. 2018. Disponível em: https://www.istoedinheiro.com.br/pesquisa-revela-habitos-dos-brasileiros-em-relacao-ao-celular/. Acesso em: 16 dez. 2021.

41 UM em cada 4 consumidores toma o café da manhã em menos de cinco minutos por dia. **DSM**, 18 fev. 2019. Disponível em: https://www.dsm.com/food-specialties/pt_BR/insights/innovation/consumers-eat-breakfast-in-under-five-minutes.html. Acesso em: 1º mar. 2022.

42 COSTA, A. G.; FORSTER, P. Brasil lidera ranking de países que menos fazem exercícios físicos. **CNN Brasil**, 5 ago. 2021. Disponível em: https://www.cnnbrasil.com.br/saude/brasil-lidera-ranking-de-paises-que-menos-fazem-exercicios-fisicos/. Acesso em: 16 dez. 2021.

repetindo o mesmo processo, você se acostumou a viver dessa maneira. E eu não estou falando do ritmo do seu dia todo. Eu também tenho uma vida cheia de compromissos e amo tudo o que faço. Eu estou me referindo ao período da manhã. Aquele momento que deveria ser considerado precioso para você se reconectar consigo e buscar a sua melhor performance. Por isso, proponho uma grande virada de mesa na sua vida. Tenha um momento só seu todos os dias para colocar o egoísmo ecológico em ação.

> Já pensou no que aconteceria se você acordasse uma hora mais cedo, quando as outras pessoas da sua casa ainda estão dormindo, e instituísse essa nova rotina na sua vida? Pense nesse momento como a sua **Rotina do Bem**, aquele momento de ouro, sem pressa, que você dedica a se ouvir e a cuidar de si, a se autopriorizar. Essa é a sua hora de desconexão total com o mundo exterior e conexão total com o seu mundo interior.

Na sociedade maluca e estressante em que vivemos, onde as pessoas ligam o automático logo pela manhã e só desligam na hora de dormir — quando desligam —, proponho que você faça uma pausa que o afaste de tudo, das redes sociais, do trabalho, das preocupações diárias. Nessa primeira hora do dia, o ideal é que você não veja o noticiário ou abra o jornal. Deixe isso para depois. Acredite: vai lhe fazer bem!

Tenha um *momento só seu* todos os dias para colocar o egoísmo ecológico em ação

POR QUE TER UMA ROTINA?

A evolução do ser humano é baseada em rotina. Mesmo sem perceber, você tem rotinas, como a de comer bem, a de praticar um exercício, a de trabalhar todos os dias, levar os filhos à escola, ler seus e-mails, arrumar a casa. Enfim, rotina é tudo aquilo que é repetido continuamente até que se torne um hábito corriqueiro. A definição é perfeita para o que eu quero que você faça a partir de agora. Quero que você repita a Rotina do Bem todos os dias até ela se tornar natural. Isso acontece porque o seu cérebro se acostuma com essa ação, e ela não só passa a ser feita de maneira automática mas também com mais eficácia e menos gasto de energia. É como dirigir um carro ou andar de bicicleta. No começo, aquilo lhe exige tamanho grau de atenção que você fica até com dor no corpo. Você pensa em que pedal colocar o pé, qual é a força para pressionar esse pedal – ou pedalar, no caso da bicicleta –, ao mesmo tempo que olha para a frente e troca uma marcha no momento correto. Depois de um tempo, você incorpora cada movimento dessa atividade e ela fica automática, sem a necessidade de consumir aquela energia toda.

Além disso, a rotina traz persistência para que você não desista de algo que é importante para você, como passar a fazer um exercício físico mesmo quando o corpo está dolorido depois da primeira aula. Lembra-se do Mário, um senhor de 50 anos que me procurou querendo fazer uma cirurgia plástica para emagrecer? Pois é, antes de encarar a cirurgia, ele precisou mudar seu estilo de vida. Sua maior mudança foi a introdução de exercícios físicos em seu cotidiano. Pois foi a rotina — aliada à motivação de alcançar algo que tanto almejava e ao autoconhecimento que ele aprendeu a ter — que o levaram ao sucesso. Sem isso, a cirurgia seria em vão.

Mário conseguiu quebrar o ciclo da autogratificação instantânea com a comida e os outros excessos da sua vida e começou a pensar em uma nova maneira de liberar endorfinas — os hormônios da felicidade — que fosse mais saudável no longo prazo e que não gerasse um problema para si. Antes, ele conseguia esse prazer comendo, principalmente doces em excesso. Com a rotina, ele ganhou uma estrutura que enfraqueceu as tentações e conseguiu incluir na sua vida a prática esportiva, ganhando, em troca, a liberação das endorfinas que antes buscava na comida. Ele não desistiu, pois a rotina o motivou a seguir em frente.

Crie a Rotina do Bem

Eu sei que a sua vida é corrida e que encontrar uma hora livre por dia é uma tarefa dura. Entretanto, lembre-se de que você acordou uma hora mais cedo, certo? Esse é o seu momento. Eu, por exemplo, para conseguir fazer a minha Rotina do Bem, vou dormir às 10 horas da noite para conseguir acordar às 4h30 da manhã e colocá-la em ação. Pode ser muito cedo para a maioria das pessoas, mas é importante para mim. É o meu dia perfeito!

Então, vamos lá. Até aqui, você já aprendeu algumas lições que o ajudaram a se autoconhecer, com isso, foi capaz de criar a sua autoimagem. Na sequência, aprendeu a força das palavras e de escrever todos os dias e aprendeu o poder da gratidão. Agora é o momento de juntar tudo isso e colocar na sua rotina.

A Rotina do Bem é uma inspiração. Com o tempo, você pode incluir outras atividades, desde que elas sejam voltadas a esse encontro consigo. Nesse início de processo, porém, oriento que você primeiro incorpore o que estou ensinando, deixe que a rotina se torne automática para, depois, se for o caso, aumentá-la.

Você dividirá a sua hora de ouro em sete atividades, cada uma delas com um tempo previsto. Sugiro que você pratique nessa ordem que apresento a seguir.

Meditação (5 minutos)

Como já falei no **capítulo 4**, a meditação é uma das mais poderosas ferramentas de autoconhecimento que você tem. Também é ideal para você relaxar e aprender a lidar melhor com as suas emoções. Por isso, comece a sua rotina meditando. Cinco minutos já o ajudam a ter esses benefícios. Com o tempo e se conseguir mais tempo para você, prolongue esse período. Se não for possível, faça cinco minutos. Mas faça! Você pode trocar a meditação por uma oração se preferir. Use esses cinco minutos para orar de acordo com a sua crença. O importante é estar conectado consigo.

Frases motivacionais (2 minutos)

Reserve um caderno novo – diferente daquele do capítulo anterior –, coloque a data e escreva uma frase que o motive ou que afirme a sua autoimagem. Esse será o seu mantra, e você deve repeti-lo diariamente. Pode ser algo do tipo: "Eu sou o melhor (coloque aqui a sua profissão) do meu país, o mais feliz, o mais empoderado, o melhor em tudo o que faço"; "Eu me amo, sou o mais inteligente (profissão ou outro termo para se referir a si), o mais rico e me coloco em primeiro lugar na minha vida"; "Eu me amo, entendo meus sentimentos e sou o melhor (coloque aqui a sua profissão) que existe"; "Eu sou poderoso e sou o melhor (coloque uma meta que quer atingir)". Crie algo forte e que o coloque para cima. Você pode escrever essa frase duas ou três vezes na sequência, no mesmo dia, se achar melhor.

Metas e sonhos (5 minutos)

Nesse mesmo caderno, logo abaixo da frase motivacional, escreva as metas que quer alcançar e os sonhos que tem. Pode ser dar um *up* na carreira, expandir a sua empresa, comprar uma casa nova, realizar uma viagem, emagrecer, estudar mais, ou o que for. Também é importante escrever o que pretende fazer para alcançar essa meta e esse sonho e quando você pretende fazer isso. Ou você pode escrever uma meta específica para aquele dia. Exemplo: você pode ter a meta de realizar uma viagem para as Ilhas Maldivas nas próximas férias, mas também querer conduzir uma reunião que acontecerá hoje na empresa de maneira brilhante. Ou pode colocar a meta de ir para a academia todos os dias. O importante é que esse exercício também seja diário; mesmo que repita os sonhos e as metas, não deixe de fazê-lo. Seu caderno especial ficará da seguinte maneira:

Data:	Frase motivacional:	Metas e/ou desejos:
01/03/22	*Eu sou poderoso e sou o melhor*	*Realizar uma viagem para as Ilhas Maldivas*

A rotina traz persistência para que você não desista de algo

que é importante para você

Visualização (5 minutos)

Agora é o momento de pegar aquele caderno que você já começou a fazer na noite anterior – com o que aconteceu de positivo e negativo e com o planejamento do seu dia – e visualizar tudo o que tem para fazer. Imagine-se nessas situações e como será a sua rotina. Se tem uma reunião importante, imagine-se nela. Se tem uma viagem para fazer, pense em cada passo que dará.

Visualize também sua frase motivacional, seus desejos e metas. Use esses minutos preciosos para visualizar tudo o que é importante para você e que o fortalece. A ideia é que você se prepare para o dia que começa e sinta-se seguro para encará-lo.

> **Uma dica: para me organizar, eu uso dois cadernos de cores distintas – um vermelho e um preto. No de capa vermelha, eu anoto a minha frase motivacional, minhas metas e sonhos. O de capa preta deixo para ser meu diário, escrevo meus comentários sobre o que passei no dia e planejo meu dia seguinte. Pode ser uma boa estratégia para você se organizar também!**

Leitura (10 minutos)

Sabe aquele livro que há tempos quer ler e não acha oportunidade para isso? Ou que está parado na mesa de cabeceira da cama aguardando para ser lido todas as noites, mas o sono chega tão rápido quando você deita e ele fica ali, intacto?

Pois agora você conseguirá seguir em frente com a leitura. Use esse tempo para se dedicar a isso. Eu já falei sobre a importância de ler até mesmo para se autoconhecer. Não perca essa oportunidade.

Se você é daquele tipo que não tem o hábito de ler, pense que já deu o primeiro passo, pois está lendo este livro. Quando terminar, comece logo outro. Depois outro, e outro. Nunca mais você perderá esse hábito.

Atividade física (25 minutos)

Pratique uma atividade física. Seja qual for. Se gosta de correr, corra. Se gosta de caminhar, faça isso. Musculação, treino funcional, ioga, pilates, tênis, *beach tennis*, vôlei, basquete, não importa. O importante é se mexer. Como falei no **capítulo 5**, ao praticar um exercício, você não beneficia somente o corpo, um tremendo efeito psicológico será refletido ao longo do dia.

Ícaro, eu sou sedentário, não tenho o hábito de fazer exercício. Isso não vai rolar para mim. Vai, sim. Criar o hábito de se exercitar depende muito da sua boa vontade. Você se comprometeu comigo a mudar a sua vida e procurar a sua melhor performance. Então, pare de se autossabotar acreditando que não tem essa capacidade. Você pode, sim, praticar um exercício. Comece devagar. Uma caminhada, por exemplo, em um ritmo mais lento. Aos poucos, aumente o ritmo. Ou procure um *personal trainer* e peça orientação. O importante é dar o primeiro passo.

Banho frio (8 minutos)

Para fechar a sua Rotina do Bem, tome um banho. De preferência, frio. Essa é a melhor maneira de fechar com chave de ouro a sua Rotina do Bem — e olha tudo o que você consegue fazer em apenas uma hora! — e despertar o seu corpo para o dia que está começando. Não é à toa que o executivo Jack Dorsey, fundador do Twitter e que comandou a companhia por quinze anos, mantém o mesmo hábito. Para ele, começar o dia com um banho frio é a sua melhor estratégia para ganhar confiança mental e sentir que pode fazer qualquer coisa na sua vida.[43] De fato, o banho frio aumenta a disposição, o estado de alerta e a sensação de bem-estar porque melhora a circulação sanguínea e aumenta a demanda de oxigênio do corpo, diminuindo o cansaço. Dessa maneira, esse banho irá ajudá-lo a ter mais disposição e motivação para realizar as tarefas do dia.

**5 minutos de meditação
+ 2 minutos de frases motivacionais
+ 5 minutos de metas e sonhos
+ 5 minutos de visualização
+ 10 minutos de leitura
+ 25 minutos de exercícios físicos
+ 8 minutos de banho frio
= 60 minutos inteiros dedicados a você.**

---

43 CLIFFORD, C. Billionaire Jack Dorsey's 11 wellness habits: from no food all weekend to ice baths. **Make it**, 9 abr. 2019. Disponível em: https://www.cnbc.com/2019/04/08/twitter-and-square-ceo-jack-dorsey-on-his-personal-wellness-habits.html. Acesso em: 16 dez. 2021.

CONSTRUA SEU EVEREST

Em um primeiro momento, achar esses sessenta minutos dentro da sua agenda já bastante comprometida pode parecer quase uma utopia. A minha dica é que você comece da maneira que conseguir. Só tem dez minutos? Então use um minuto para cada atividade; mas faça! A ideia é criar uma rotina e, para isso, você precisa começar de alguma maneira. Lembre-se de que só você tem o poder de fazer o melhor para si mesmo. Não espere de ninguém essa atitude.

Aos poucos, vá aumentando o tempo até atingir uma hora. A motivação vem quando você acredita no processo. Foi o que Mário fez. Se você sabe que algo é bom para a sua vida, sabe que trará algo positivo, você persiste e segue em frente. O mesmo acontece com a sua Rotina do Bem.

Por outro lado, é importante entender também a sua vulnerabilidade. Às vezes, eu fico com vontade de ficar mais dez minutos na cama ou não me sinto bem para realizar essas tarefas. Eu entendo que isso não impede que eu me levante e realize o que eu me comprometi a fazer. E não encaro isso como um problema. Você deve fazer o mesmo. Ninguém precisa ser supermãe, superpai, superprofissional, supercompanheiro, super em tudo o que faz. Então, se um dia acordar dez minutos depois e quebrar a leitura, por exemplo, entenda que esse é um acordo seu consigo. Respeite-se, respire, entenda o que está acontecendo. Sua vulnerabilidade o deixou nessa situação. O que fazer para que isso não se repita?

Você tem
o poder de
fazer o melhor
para si mesmo

A resposta eu já dei: **acredite no processo!** Quero que, assim como eu, você também sinta que seu dia não é o mesmo quando não realiza o ritual da Rotina do Bem. Para isso, proponho que se comprometa com esses hábitos por sessenta dias, o mesmo período que pedi para que se comprometesse a escrever o seu diário no capítulo anterior, incluindo sábados, domingos e feriados. Depois desse período, é provável que nunca mais deixe de fazer essa rotina. Se, mesmo assim, sentir que ainda não foi o período ideal para você – há pessoas que demoram seis meses para adquirir um hábito –, persista até que a rotina se torne natural, como escovar os dentes. Às vezes, somos muito imediatistas e queremos que algo dê resultado do dia para a noite, e isso não vai acontecer.

Pense nesses primeiros meses em que está se habituando com o ritual como um investimento. Você se dedica agora para ter o retorno depois. E o resultado que conseguirá é melhor do que qualquer aplicação financeira: você se sentirá mais calmo, mais confiante, conseguirá melhor performance na sua vida pessoal e profissional, vai parar de procrastinar (porque agora você sabe o que quer e o que precisa fazer para alcançar) e construirá a vida de sucesso que deseja.

Confie no processo e siga em frente. Você está construindo o seu Everest pessoal.[44]

---

44 O Monte Everest é a maior montanha do mundo, a mais de 8 mil metros do nível do mar. O autor se refere ao "Everest pessoal" para afirmar que o leitor está caminhando para a sua mais alta performance, assim como a altitude do Everest. (N.E.)

8

TOME A ATITUDE DE SE COLOCAR EM

primeiro lugar

Mariana é uma mulher de 42 anos que chama atenção por onde passa. Dona de um par de olhos castanhos esverdeados, cabelos cor de mel e altura mediana, tem uma empresa própria, situação financeira estável, corre três vezes por semana e ainda cuida da casa, dos dois filhos e do marido. Sua vida parece perfeita para quem a vê do lado de fora das portas de sua casa. No entanto, o que acontece lá dentro apenas ela vê – ou melhor, sente. O marido que exalta quanto a ama para os amigos, trata-a, dentro de casa, de maneira diferente. Responde a suas perguntas com grosserias e não perde a chance de desmotivá-la quando ela tenta fazer algo novo (qualquer que seja a sua ideia, até mesmo pintar o cabelo de outra cor) e, pior, ela se sente tratada como um objeto sexual. Os "carinhos" do marido quase sempre são um modo de assédio para ela.

Quando está no trabalho ou na roda de amigas, ela se sente empoderada. Contudo, quando entra em casa, outra Mariana aparece. Uma mulher apática que prefere aceitar as grosserias do marido em vez de enfrentá-lo. Tudo para evitar mais uma briga diante dos filhos. Também já deixou de fazer planos, pois sabe que será desmotivada pelo parceiro. Enquanto leva essa vida sem emoção, sua insatisfação só aumenta. Ela não quer mais isso para si. Ela quer ser ela mesma dentro e fora de casa. Quer viajar para lugares distantes e conhecer coisas novas. Quer viver um relacionamento que lhe dê borboletas no estômago; fazer o Caminho de Santiago de Compostela sem ter alguém questionando o porquê de fazer isso e se ela vai mesmo sozinha (desconfiando da sua capacidade de estar só).

Ela se questiona todos os dias como sair desse círculo em que vive presa, mas não acha a resposta. Enquanto isso, fecha os olhos para a situação em que se encontra e segue nessa vida que não sonhou para si.

Recebi esse relato pelas minhas redes sociais e ele me impactou. Primeiro por identificar uma mulher forte, uma empresária, que não depende do dinheiro do marido para viver. Depois por identificar uma mulher frágil, carente da opinião do marido para fazer o que deseja, sem força para seguir os próprios passos. Mariana é um bom exemplo para evidenciar que o fator financeiro não é o único que prende uma mulher a um relacionamento tóxico que a coloca sempre para baixo.

O que falta a Mariana para resolver essa questão é atitude. Primeiro, a atitude de amar a si própria. Depois, a atitude de colocar o egoísmo ecológico em ação e ganhar a segurança para mudar essa vida sem sentido. Ela enxerga todos os problemas que a afligem, pensa em várias maneiras de solucioná-los, mas não consegue colocar em prática nenhum plano para mudar sua situação. Apenas estar ciente do seu caos não é suficiente, pois pensamentos sem atitude não valem para nada. Assim como não adianta somente ler este livro e guardar tudo em pensamento, continuando na mesma posição anterior.

Cada pessoa é responsável pela vida que leva, onde se colocou. Onde você está — seja a vida maravilhosa que sempre sonhou, seja a vida sem sabor, como a de Mariana — é absolutamente mérito seu, pela qualidade dos seus pensamentos, pelos seus comportamentos e pelas suas palavras. Nada foi construído de um dia para o outro. Foi tijolo por tijolo, dia a dia que você deixou crescer essa parede até que ela se tornasse pesada demais para ser removida. Por mais doloroso que seja, foi você que conduziu sua vida ao ponto em que está hoje.

E que conclusão podemos tirar disso? Só você poderá mudar essa circunstância. Isso, sim, será o verdadeiro crescimento em sua vida.

Quebrar esse ciclo de aceitação do que não o agrada e se priorizar exige foco. Priorizar-se precisa ser o seu objetivo. Quando você cria a coragem para aprender a falar não para o que não é a sua prioridade, sua vida se transforma. Você vai em busca do seu sucesso, que só depende de você e da sua atitude.

Cada pessoa é responsável pela

vida que leva

Tome a atitude de se colocar em primeiro lugar

> O sucesso até pode ser o resultado de uma única força que une várias pessoas, mas o egoísmo ecológico foge dessa regra. O sucesso da sua priorização depende somente de você. Lembre-se de que não precisa de um esforço gigantesco de toda a família, não precisa mudar a rotina de todas as pessoas da sua casa ou algo do tipo para começar a se colocar em primeiro lugar. Esse jogo só começa quando você se prioriza e direciona as suas forças para isso.

Acho interessante o que os autores Gary Keller e Jay Papasan falam no livro *A única coisa*[45] sobre alcançar o sucesso. Para eles, o sucesso não é um jogo vencido por quem realiza muitas coisas, mas sim quando nos concentramos em realizar o que é mais importante. Neste caso, priorizar-se. Para comprovar essa tese, eles usaram o Princípio de Pareto, que afirma que 80% das consequências de qualquer coisa advêm de 20% das causas. Isso significa que as menores causas e os menores investimentos ou esforços geralmente levam aos maiores resultados. Assim, você precisa se concentrar naquilo que é vital para você para conseguir os resultados que deseja.

E o que eu quero é que você se torne vital para si. Coloque-se como a única coisa que importa. Quando você cria esse movimento na sua vida, consegue resultados extraordinários que vêm em efeito dominó. Ou seja, uma

45 KELLER, G.; PAPASAN, J. *Op. cit.*

atitude leva a outra, a outra e a outra até chegar ao seu objetivo final.

No começo, dizer "não" vai doer um pouco, porém, com o tempo, torna-se libertador. E não vale trocar por "depois eu tento fazer" na tentativa de agradar o outro. Use a resposta negativa para qualquer coisa que não o agrade ou que vá colocá-lo em uma situação de desvantagem diante de si mesmo. Por exemplo, se o marido joga tênis todos os sábados e exige a sua companhia na arquibancada, mas você preferiria usar esse tempo para ir à academia e depois passar na manicure, não tenha medo de dizer "eu não posso acompanhá-lo". Você não está errando nem o abandonando. Quando ele voltar, terão tempo para ficar juntos. Ou quando o chefe exige uma reunião depois do fim do expediente, momento em que você já estaria em casa com a sua família. Saiba dizer não, pois esse não é o seu horário de trabalho, deixando claro que, no dia seguinte, estará à inteira disposição da empresa — é um ganho espetacular para a sua vida.

TENHA FOCO NO QUE ACREDITA

Agora, provavelmente o egoísmo ecológico já não o assusta mais. Eu sei disso porque eu conheço a reação das pessoas quando falo sobre esse assunto. Primeiro, vem o espanto com algo que, para muitos, é considerado ruim. Depois, o interesse pelo assunto e, para finalizar, a transformação.

Entretanto, essa transformação só é realmente alcançada quando você incorpora tudo o que aprendeu até aqui no seu dia a dia. É claro que essa mudança leva algum tempo, ainda assim, o importante é ter foco e continuar acreditando no processo. É preciso estimular o cérebro para que ele se mantenha na trajetória que você quer. Ou seja, se você quer sair desse ciclo em que se encontra, concentre-se no resultado todos os dias e persiga-o.

Nossa mente trabalha o tempo todo – e disso você sabe. O que você não sabe é que, algumas vezes, ela trabalha para o nosso bem, em outras, ela pode trabalhar também para nos trapacear ou nos levar a um caminho que não é o que queremos. Daí a necessidade de se manter firme e forte naquilo em que você acredita. É que a mente subconsciente trabalha de acordo com o que acredita o consciente, considerado o vigia do portão, de acordo com o livro *O poder do subconsciente*,[46] aquele que protege o subconsciente de impressões falsas. Portanto, se você mentaliza que não será possível, que não conseguirá transpor essa barreira e alcançar a sua melhor performance, o subconsciente entenderá essa como verdade absoluta e trabalhará contra o que você quer. Por isso, escolha sempre acreditar que algo bom está acontecendo ou vai acontecer.

É o mesmo que falamos sobre a autoimagem. Se você se vê como uma pessoa empoderada, seu subconsciente acreditará nisso, e você de fato se sentirá dessa maneira. E, se você se colocar como o melhor profissional na carreira que escolheu, ou proprietário de uma empresa próspera, ou o que quer que

46 MURPHY, J. **O poder do subconsciente**. Rio de Janeiro: BestSeller, 2019.

seja, seu subconsciente assumirá essa imagem. O importante é mentalizar sempre o positivo. Afaste os pensamentos negativos da sua vida, definitivamente.

 A sua mente trabalhará para que você se sinta mais forte, mais seguro para seguir em frente. Porque obstáculos todos têm para ultrapassar. A diferença está na força que você coloca para vencer cada etapa.

E como ficam aquelas pessoas que pensam contra ou que criticam a sua busca pelo egoísmo ecológico? Vamos voltar lá na história da Mariana. Lembra que contava que o marido criticava a iniciativa dela de mudar ou ideias novas? O que acontece é que ela paralisa seus desejos ao menor sinal de que ele não a apoiará. Ela acredita no que ele diz e se coloca em uma situação de desvantagem. Deixa o seu consciente informar ao subconsciente que ela não é capaz de realizar coisa nenhuma sem a aprovação do marido. Assim, dá um passo para trás e deixa suas ideias perdidas em algum lugar.

Você não pode deixar que isso aconteça. Ninguém pode pensar por você. A opinião dos outros não pode impactá-lo a ponto de você abandonar o que quer. Assim, ao ouvir qualquer coisa que o machuque, despreze esses pensamentos. Não deixe que ultrapassem o portão do consciente. Se alguém falar que você está errando porque está "deixando a

Escolha sempre acreditar que algo bom está acontecendo ou vai acontecer

família de lado" para fazer um curso que será importante para a sua profissão, não se sinta mal por isso. Afirme que esse curso resultará em um upgrade na carreira que beneficiará a todos. Ou se receber alguma crítica por estar frequentando a academia todos os dias, projete quão importante isso é para a sua saúde no longo prazo. Além disso, quando se exercita, você fica mais feliz e mais produtivo, beneficiando outras pessoas ao seu redor. Repare que o foco aqui foi no positivo. O negativo foi jogado para o espaço.

O QUE EXISTE É O SUCESSO

O seu foco está no sucesso. Não existe fracasso nesse caminho que você está trilhando. Para tanto, teria de andar para trás, e isso não vai acontecer. Há momentos em que você vai desanimar, e é normal, entretanto, não é permissão para voltar atrás. Agora, eu proponho um choque de realidade. Lembre-se de quem você era antes de colocar o egoísmo ecológico em ação. Ou imagine quem você se tornará quando tomar a atitude de se priorizar na sua vida.

Os problemas não deixarão de existir, mas serão tratados de maneira diferente. Em vez de somente atravancarem a sua vida e continuarem existindo, você buscará solução para eles. Ao se tornar consciente do que está acontecendo, não joga mais a realidade para debaixo do tapete da sala. Pelo contrário, escancara o problema e não tem medo de enfrentá-lo todas as vezes que ele aparecer, mesmo que exija soluções diferentes.

Tome a atitude de se colocar em primeiro lugar

Preste atenção nesta história que uma vez ouvi em uma palestra:

"Certa vez, duas abelhas caíram em um copo de leite. A primeira era forte e valente. Assim, logo ao cair, nadou até a borda do copo. Como a superfície era muito lisa e suas asas estavam molhadas, não conseguiu subir. Acreditando que não havia saída, a abelha desanimou, parou de se debater e afundou. Sua companheira, apesar de não ser tão forte, era tenaz e, por isso, continuou a se debater e a lutar. Aos poucos, com tanta agitação, o leite ao seu redor formou um pequeno nódulo de manteiga no qual ela subiu. Dali, conseguiu levantar voo e sair do copo. Tempos depois, a abelha tenaz, por descuido, novamente caiu em um copo, dessa vez, cheio de água. Como pensou que já conhecia a solução daquele problema, começou a se debater na esperança de que, no devido tempo, se salvasse. Outra abelha, passando por ali e vendo a aflição da companheira, pousou na beira do copo e gritou: 'Tem um canudo ali! Nade até lá e suba'. Mas a abelha tenaz, acreditando que conhecia a solução do problema, respondeu: 'Pode deixar que eu sei como resolver este problema'. E continuou a se debater mais e mais até que, exausta, afundou na água."

O que podemos aprender com essa história é que as soluções do passado, em contextos diferentes, podem se transformar em problemas. Portanto, a sua vida também não deve ser a mesma para sempre. Se a situação se modificar, dê um jeito de mudar. Quantos de nós criamos uma confiança equivocada e perdemos a oportunidade de repensar nossas experiências, preferindo ficar presos a velhos hábitos que, em algum momento da vida, resultaram em sucesso, mas hoje exigem soluções diferentes?

Você precisa ser uma abelha tenaz, entretanto, não pode fechar os olhos e acreditar que as suas escolhas são eternas. A vida muda, as pessoas mudam, e você precisa encontrar outras maneiras também para solucionar os problemas, mesmo que eles se repitam.

Não acredite na sua transformação como algo eterno. Essa é uma busca contínua. Ou você se compromete até o fim ou estará sempre oscilando entre a alta e a baixa performance. Como ouvi o empresário Flávio Augusto da Silva dizer em uma palestra, "não existe estabilidade". Ou você está crescendo e se desenvolvendo para chegar à sua melhor performance ou está caindo, perdendo performance.

De que lado você prefere estar?

9

AGORA É A
sua vez!

Se você chegou até aqui é porque escolheu crescer e desenvolver a sua melhor performance. Eu tenho algo a lhe contar: você fez uma das melhores escolhas da sua vida. Uma melhor versão de você, aquela que você deseja — e que de nenhuma maneira está sendo imposta por outras pessoas — é possível, porque agora você está preparado. Você aprendeu, ao longo desta jornada, a confiar no seu potencial e a acreditar naqueles sonhos que antes pareciam distantes.

Você conquistou a chance de conhecer o seu poder interior, reencontrar a sua espiritualidade, e descobrir a sua verdadeira essência sem terceirizar esse processo. Esse é o verdadeiro significado de uma vida plena. Aquela que você vive sem o medo e sem a pressão de quem está ao seu redor, parceiro ou parceira, filhos, pais, chefes ou a própria sociedade. É a vida que sacia a sua mente, seu corpo e sua alma.

O que você fez foi reconectar-se consigo. Algo que você já tinha e que foi perdido ao longo dos anos, mas que agora volta às suas mãos. Reconectar-se é um meio de conquistar a sua plenitude autônoma, aquela que só depende de você.

Esse é um caminho que você começou a trilhar. Não se preocupe se ainda não chegou aonde queria, o importante é continuar nesse processo de aprendizagem, conhecido como fases da competência. Essa teoria é usada para explicar a maneira como todas as pessoas aprendem algo novo. Funciona da seguinte forma:

Agora é a sua vez!

A cada passo que você dá a caminho da sua melhor performance, evolui uma fase. Provavelmente, quando começou a ler este livro, estava na **fase 1** ou **2** e, agora, está na **fase 3**. O que eu proponho é que você continue até chegar à **fase 4**. Ali encontra-se a maestria, a incorporação total dos hábitos e da sua Rotina do Bem. Lembra quando falei da importância de ter uma rotina e que, quando incorporamos uma atividade na nossa vida, ela passa a ser feita de maneira automática, exigindo menos energia? Essa é a **fase 4**, quando você tem a capacidade de colocar todas essas habilidades em ação, sem que isso seja um problema na sua vida ou na sua agenda, e consegue viver de maneira plena.

Terá momentos em que você vai pensar em desistir e jogar tudo para o alto. Isso é normal. Eu mesmo já tive momentos em que quis sair da rotina de acordar tão cedo para fazer a minha Rotina do Bem. Mas, todas as vezes que isso aconteceu, eu reparei que a minha procrastinação aumentou e, portanto, minha produtividade caiu. Isso não significa apenas que eu passei a realizar menos tarefas, mas que minha performance de maneira geral foi prejudicada – inclusive a minha capacidade de me colocar em primeiro lugar. Esse é um trabalho contínuo, se eu baixar a guarda, sei que volto atrás. E isso me incomoda muito.

Então, não diga que você não pode, que não é capaz, mesmo diante das dificuldades que surgirão. Em vez disso, olhe-se no espelho e com a voz firme, diga: "Eu posso fazer o que eu quiser, porque acredito em mim, no meu potencial, e sou a pessoa mais importante para mim".

Reconectar-se

é um meio de conquistar a sua plenitude autônoma

Esse diálogo interno possui uma influência muito forte no resultado do seu sucesso. Repetir muitas vezes uma afirmação positiva levará à aceitação da mente, que resultará em mudanças profundas nos seus pensamentos e comportamentos.

Você não mais se sentirá jogado para escanteio ou sem tempo para si. Você será a pessoa que está à frente das situações, de cabeça erguida e determinado a conseguir o que quer. Se o seu peso está acima do ideal para a sua saúde, comprometa-se a ir para a academia três vezes por semana até atingir o seu objetivo. Não se deixe levar pela dor ou pelo esforço excessivo. Daqui a pouco, você chegará à **fase 3** e depois à **fase 4** da aprendizagem de competências, e as coisas ficarão mais fáceis.

O importante é acreditar em você e no processo que está vivendo.

BATALHA INTERIOR

Por que algumas pessoas conseguem mudar e outras não? E algumas conseguem progredir nas fases da competência e outras ficam para trás? Ou melhor, como fazer com que isso não ocorra com você?

Em uma de suas palestras, Geronimo Theml, autor do livro *Produtividade para quem quer tempo*,[47] explica porque algumas

---

47 THEML, G. **Produtividade para quem quer ter tempo**: aprenda a produzir mais sem ter que trabalhar mais. São Paulo: Editora Gente, 2016.

pessoas seguem em frente diante de um desafio e outras simplesmente desistem. Segundo ele, isso acontece porque seguir adiante não está ligado apenas à sua capacidade de fazer uma atividade ou outra, como a capacidade de ler um livro ou escrever o caderno dos sonhos ou o planejamento do dia. Isso é apenas ler e escrever. Todo mundo pode fazer. O que diferencia as pessoas é a capacidade de dominar os seus medos e vencer a sua batalha interior.[48]

Para explicar, ele usa o Índice de Domínio Interior (IDI), uma escala que vai do 0 ao 10. Quanto mais perto do 10, maior é a chance de você vencer suas batalhas interiores. Quanto mais baixo é o índice, mais fácil perder as suas batalhas interiores. Quando você procrastina uma atividade, quando não faz aquilo que precisa ser feito pelo trabalho que isso lhe dará, está baixando o seu IDI. Por outro lado, quando você não deixa que isso aconteça, quando incorpora os hábitos que aprendeu neste livro, o seu IDI aumenta e você vence as suas batalhas interiores. E aí você alcança um efeito extraordinário: as batalhas exteriores deixam de existir. Não é que elas desaparecerão, mas você as enxergará de maneira completamente diferente. Porque o que você vê, você cria. Então, se você enxergava o egoísmo ecológico como negativo, criava essa barreira impossível de ser ultrapassada. Porém, quando passa a colocar as lições que aprendeu em ação com essa força de

---

48 COMO criar a sua realidade, com Gerônimo Theml. 2018. Vídeo (14 min 31 s). Publicado pelo canal TEDx Talks. Disponível em: https://www.youtube.com/watch?v=PzZAGs57BEk. Acesso em: 31 jan. 2022.

pensamento, elevando seu IDI, ganha uma força tão grande que as dificuldades deixam de existir.

Portanto, a chance de mudar está dentro de você. E a vida não é feita do que você deixa para amanhã, ela é feita do que se faz agora. Você tem em mãos um método que mudou a minha vida e que pode também mudar a sua. Como eu já falei, egoísmo ecológico não quer dizer deixar todas as pessoas ao seu redor de lado, significa se priorizar, se conhecer melhor, para estar bem consigo e ser ainda melhor para essas pessoas.

HÁBITOS PARA SEMPRE

Muito importante na busca da sua melhor performance, colocando o egoísmo ecológico em ação, é a criação de hábitos. Ao longo do livro, ensinei vários hábitos que devem fazer parte da sua rotina. Isso você já sabe. Quero reforçar que eles só farão a diferença na sua vida se tornarem-se consistentes. Se você os fizer uma vez ou outra, não serão hábitos. Em vez disso, serão apenas atividades – chatas na maior parte das vezes – que não trarão resultado nenhum. Consequentemente, essa inconstância baixará seu IDI, e o objetivo que você tanto almeja não virá. Logo, você desistirá de tudo.

Repare que existe um efeito em que uma ação leva à outra. Quem não se esforça para fazer a Rotina do Bem não cria o hábito, não vê resultado, perde a motivação e continua sem a transformação que tanto almeja. Mas esse

Repetir muitas vezes uma *afirmação positiva* levará à aceitação da mente mesmo efeito pode ser positivo. Ou seja, você incorpora a Rotina do Bem, logo se conhece melhor, ganha mais performance, eleva seu IDI e a transformação pessoal que tanto almejava é alcançada. James Clear, autor de *Hábitos atômicos*, chama esse movimento de empilhamento de hábitos. Segundo ele, "uma das melhores maneiras de adquirir um hábito é identificar um atual, que já faz todos os dias, e, em seguida, empilhar seu novo comportamento sobre ele".[49] Ou seja, o segredo é ligar um hábito a ser adquirido a um que você já tem todos os dias.

Levando em consideração o que ele fala, para incorporar a sua nova rotina, você pode conectá-la a um hábito que você já tem. Por exemplo, para escrever o seu diário com o planejamento do dia seguinte, não determine a regra de fazê-lo todos os dias, às 23 horas, no seu quarto, mas relacionando-o a um hábito existente. Depois de tomar meu banho, já de pijama, vou escrever meu diário planejando os detalhes do meu próximo dia. Ou então, para começar a sua Rotina do Bem, pense nela como uma sequência de atividades a serem feitas assim que você sair da cama. O hábito atual é acordar, então:

→ **depois de acordar, eu vou meditar por cinco minutos;**
→ **depois de meditar, vou escrever minha frase motivacional;**
→ **depois de escrever a minha frase motivacional, vou escrever as minhas metas e sonhos;**

49 CLEAR, J. *Op. cit.* p. 72.

→ depois de escrever as minhas metas e meus sonhos, vou visualizar meu planejamento do dia, também minha frase motivacional, meus sonhos e minhas metas;

→ depois da visualização, vou ler um livro por dez minutos;

→ depois de ler, vou fazer meu treino físico;

→ depois de treinar, vou tomar um banho frio.

Repare que você criou uma sequência simples de comportamentos conectados entre si que resultarão na adoção desses hábitos para sempre na sua vida. Você não precisou determinar dia, horário e local para o hábito acontecer, apenas dar um pontapé inicial. O horário e o local virão implicitamente quando você começar a rotina.

O melhor é que você pode usar esse empilhamento de hábitos em outros momentos do dia, sempre que quiser criar um hábito que o beneficie. Portanto, se quer tomar mais água, pense *depois de meia hora de trabalho, vou tomar a água que deixarei na garrafa ao lado do meu computador.* Ou, se você quer fazer um curso on-line e nunca encontra tempo: *depois de deixar as crianças na escola, vou fazer uma hora de aula.* E assim por diante. Enxergando dessa maneira, você ganha mais estímulo para realizar essas atividades, tornando-as hábitos saudáveis, produtivos e prazerosos.

A MUDANÇA DEPENDE DE VOCÊ

Com certeza, você já ouviu a expressão "estar com a faca e o queijo na mão". Ela significa que a pessoa tem tudo de que precisa para fazer algo, que ela tem o poder ou o domínio das coisas. E é exatamente assim que você está neste momento. Você tem a faca e o queijo na mão para mudar a sua vida, priorizar-se e tornar-se a melhor versão de si mesmo. Aproveite tudo o que aprendeu, coloque em prática quanto antes. Transforme o estímulo de ser você em desejo de fazer algo por você, e a resposta será uma pessoa mais consciente de si, mais firme no que quer e mais feliz.

Isso me lembra Claudia, uma paciente que recebi em meu consultório. Na sua primeira consulta, estava frágil, tomando três antidepressivos, e 15 quilos acima do peso. Procurava uma cirurgia para resolver seu problema físico, na expectativa de que fosse o solucionador do seu caos mental. Após o choque de realidade, de consciência e de autorresponsabilidade, sinceramente achei que Claudia nunca mais retornaria. Para a minha surpresa, seis meses depois, ela voltou não apenas mais magra — tinha eliminado 10 quilos — como também mais confiante em si, e contou que tinha largado os antidepressivos. Estava tão consciente e competente que programou a sua cirurgia para cinco meses adiante, pois teria tempo para perder os 5 quilos que restavam.

Exatamente cinco meses depois, 15 quilos mais magra, livre de antidepressivos, Claudia fez a cirurgia, que foi um sucesso. Agora ela, além de desfilar um corpo exuberante, também tem uma mente mais confiante e aprendeu que se priorizar é o primeiro passo para quem se ama.

Durante quase um ano, Claudia se dedicou a ela. Cuidou da alimentação, fez exercícios físicos, e também cuidou da mente.

E isso é o que eu quero que você faça. Não use o físico para justificar quem você é, veja-o como uma consequência daquilo que você faz por si.

O método que apresentei vai ajudá-lo nesse caminho, e eu espero, de coração, que seja sem volta. Ele não é um desafio para ser feito em uma semana ou um método que revolucionará a sua vida em dez dias. É uma mudança de hábitos lenta, que soma pequenas mudanças que, juntas, o encaminharão ao seu ponto de virada. Aquele momento em que a chave abre uma porta para uma nova vida. Acredite no seu potencial e siga em frente. Como falei, a faca e o queijo agora estão nas suas mãos. **Você pode, você consegue!**

10

SEU CAMINHO
de sucesso

No começo deste livro, eu lhe fiz uma pergunta: você já se olhou no espelho hoje? Agora, quando nos aproximamos do fim desta obra, eu quero repetir a mesma pergunta. Vamos lá: você já se olhou no espelho hoje, enxergando todos os seus traços genuínos que o fazem ser reconhecido por quem você é e, além disso, enxergando o que tem dentro de você?

Se, oitenta páginas atrás, isso poderia ser um problema, agora não é mais. Durante esta leitura, você teve a chance de se autoconhecer, de se enxergar novamente como é de verdade e de descobrir que se mostrar assim para quem está ao seu redor não é um problema. Isso é se amar, é se colocar em primeiro lugar. Você não tem mais medo de encarar o que sente, e mais, agora tem forças para mudar aquilo que o incomoda. Sabe que praticar o egoísmo ecológico é bom, é genuíno e o ajuda a ter uma vida mais plena e feliz.

Eu espero, de coração, ter transformado a sua vida de alguma maneira — ou, pelo menos, iniciado esse processo de transformação. Afinal, você conhece o caminho para alcançar esse objetivo. Ninguém merece viver uma vida mais ou menos. Sabe o que isso significa? Aquela vida rotineira, sem emoção, que você empurra por longos anos e que fica tão embrenhada que você passa a achar que está tudo bem viver assim. Não está tudo bem! Você nasceu com várias missões na sua vida, e a principal delas é ser feliz de verdade, ir atrás de seus sonhos, conquistar o que deseja. Por que vai deixar isso para trás?

Nestas páginas, eu entreguei o método que criei a partir da minha própria história e que transformou a minha vida. Foi o que eu fiz para mim e, por isso, sei que dará certo para você também. Eu tive altos e baixos ao longo dos anos, saí do nada e, hoje, tenho uma vida em abundância, em alta performance. Criei uma conexão comigo mesmo, com Deus e com pessoas do bem que me levaram a outro nível de produtividade, de felicidade e de concretização dos meus sonhos. O método foi a chave para abrir a porta do meu sucesso. E será para o seu. Acredite!

Eu desejo que você se inspire a colocar o método em ação e alcance uma vida extraordinária, uma vida consciente e competente. Espero que conquiste o que deseja em todos os pilares — pessoal, familiar, emocional, financeiro, religioso, profissional —, buscando sempre o alinhamento de expectativas entre o que você quer (primeiro você!) e o que sua família quer.

Até mesmo por essas pessoas — companheiro/companheira, filhos, pais — que são tão importantes na sua vida é que você não deve deixar de perseguir o egoísmo ecológico. Quando você colocar o que aprendeu em prática, se tornará um modelo de autoestima e carinho consigo e servirá de exemplo para que elas não repitam aquele modelo antigo de colocar todos à frente e esquecerem-se de si mesmas. Imagine como é triste ver seus erros serem repetidos, principalmente, pelos filhos. Mude essa trajetória, influencie as próximas gerações.

O livro acaba aqui, mas a sua história não. Você está dando o pontapé inicial em um legado do bem!

BUSCA CONSTANTE

Desfrute tudo o que aprendeu, sabendo que essa busca deve ser constante, diária. Se, em algum momento, deixar de fazê-la, voltará para aquele antigo patamar que tanto o incomodava. Portanto, siga em frente, não desista se algo não acontecer da maneira que planejou. Tente de novo, de novo e de novo, até sentir que sua rotina foi altamente impactada por tudo

Mude essa trajetória,
influencie as próximas gerações

que aprendeu. Não tem como terceirizar essa função. Entenda-se como o único responsável pela sua melhor performance e por uma vida abundante.

Sim, o mundo é abundante e ele pode ser melhor do que imaginamos, basta nos basearmos nos valores mínimos de não roubar, não matar, ser honesto, sempre buscar o melhor, sabendo colocar-se em primeiro lugar sem machucar ou prejudicar alguém. Você entregará o bem para o mundo e o bem retornará para você.

→ **Lembre-se de que você tem a chance de mudar a sua vida e ser feliz como deseja ser.**
→ **Acredite no ser humano.**
→ **Acredite no poder da espiritualidade.**
→ **Acredite na família.**
→ **Acredite nos desafios para prosperar.**

Sei que esse será apenas o primeiro desafio de muitos que virão. Que este livro seja fonte inspiracional para gerações, principalmente por trazer o egoísmo ecológico como algo bom, algo que pode mudar gerações futuras e nos tirar de ciclos repetitivos de escassez e pobreza. Em vez disso, que você possa entrar de vez no fluxo de prosperidade, abundância, felicidade e amor. Com orgulho de quem você é e, mais ainda, da pessoa em que está se tornando.

Chegamos às últimas linhas deste livro, mas não o feche ainda. A seguir, tem uma surpresa: um capítulo inteiro dedicado para que você comece a escrever a história da sua nova vida. Aproveite o espaço e escreva em quem você quer se tornar e como pretende fazer isso. Escreva também as suas metas e os seus sonhos. Que tudo o que você colocar aqui sirva de inspiração para os próximos dias de sua vida. Sugiro que, quando estiver colocando o método em ação, se achar que não vai conseguir seguir em frente, volte aqui e leia tudo o que escreveu. Essas palavras serão o seu motor para nunca mais parar e lembrar que o egoísmo ecológico é o seu maior aliado.

Seja feliz para sempre!

Conte-me o que achou do método e como o está aplicando em sua vida, eu vou adorar. Eu estou no Instagram **@dricarosamuel**. Nos vemos por lá!

O PRIMEIRO CAPÍTULO DA

minha vida

175

Este livro foi impresso pela Rettec
em papel pólen bold 70 g em abril de 2022.